Schultheorie

Foto: fotografa/Marten 2012

Stefan Blankertz

Pädagogik mit beschränkter Haftung

Kritische Schultheorie

edition g.
105

FSC
www.fsc.org
MIX
Papier aus verantwortungsvollen Quellen
Paper from responsible sources
FSC® C105338

ORIGINALAUSGABE
2., durchgesehene Auflage 2015

Unter Verwendungen von Teilen aus *Die Therapie der Gesellschaft* (1999), *Das libertäre Manifest* (2001) und des Nachworts aus *Gestaltpädagogik in Aktion* (2006) sowie Notizen, Vorträgen und Blogs (1991-2012). Die Idee zum Titel »Pädagogik mit beschränkter Haftung«, um diejenige zu kennzeichnen, die sich der Staatsgewalt anheimstellt und daran mitwirkt, sie zu verschleiern, geht bis in das Jahr 1987 zurück.

105 edition g.
Herstellung und Verlag:
BoD – Books on Demand, Norderstedt

Wollankstraße 133, 13187 Berlin

ISBN 978-3-7392-1967-7

Inhalt

Drei Einläufe

[1] *»Ein SS-Kommandant sagte, daß er sich besser auf die Lagerwache als auf seine SS-Leute verlassen könne.«*[1] Durch Erziehung, begehrte Theodor W. Adorno 1966 gegen die|seine *Resignation* auf, könne nach Auschwitz doch etwas getan werden, um zu verhindern, dass die Knechte bei der Verewigung ihrer Knechtschaft mithelfen.[2] Er dachte dabei an Aufklärung, nicht an Schulpflicht, Curricula, Lernziele, an Stundenzeichen, Hausaufgaben, Prüfungsangst, oder an Beruhigungspillen, Unterrichtsbeamte,[3] Pausengewalt und all die anderen Kennzeichen derjenigen Institution, in der Erziehung stattfindet und die ein junger Mensch zu »überleben« lernen muss. Erziehung ist, wie zuvor auch schon die Politik, dem sozialen Kontext entfremdet und durch den Staat okkupiert worden. Indem sie Widerstand lehrt, bricht sie ihn.

1 Manfred Overesch, *Buchenwald und die DDR*, Göttingen 1995, S. 221. Overesch zitiert aus einem SED-internen Geheimpapier über Verbrechen kommunistischer Gefangener.

2 Theodor W. Adorno, *Erziehung nach Auschwitz* (1966), in: ders., *Stichworte*, Frankfurt/M. 1970, S. 101. »Ich fürchte, durch Maßnahmen auch einer noch so weit gespannten Erziehung wird es sich kaum verhindern lassen, daß Schreibtischmörder nachwachsen. Aber daß es Menschen gibt, die unten, eben als Knechte das tun, wodurch sie ihre eigene Knechtschaft verewigen und sich selbst entwürdigen; daß es weiter Bogers und Kaduks gebe, dagegen läßt sich durch Erziehung und Aufklärung ein Weniges unternehmen.«

3 Danke, P. S., für diese Wendung von der »seit zweieinhalb Jahrtausenden anhaltenden Menschheitsbelästigung durch Lehrer«. Peter Sloterdijk, *Du mußt dein Leben ändern* (2009), Frankfurt/M. 2012, S. 294.

[2] Ein Symbol, wie tot der klassische Anarchismus ist: Barcelona, Ende September 2012. Demonstration von Lehrern gegen Privatisierungspläne. An sich nichts Ungewöhnliches. Im Spätetatismus[4] ist die Identifikation der Unterdrückten mit den Unterdrückern weit fortgeschritten, so dass sie meinen, ohne Staat würden sie Not leiden (in der Verteidigen-wir-den-Staat-Manie wird ja immer vergessen und verdrängt, dass die Not schon da ist – und zwar durch die [un?]sichtbare Hand des Staates). Aber das war dann doch wie ein Schock für mich: Sie demonstrierten unter der schwarz-roten Flagge des Anarcho-Syndikalismus und das Banner war mit »CNT«[5] unterzeichnet. Buenaventura Durruti (1896-1936) & Francesc Ferrer (1859-1909) mögen sich als Anti-Kapitalisten bezeichnet haben, Etatisten waren sie keineswegs. Jene Aktion der CNT ist um so blamabler, als Francesc Ferrer, ein Märtyrer des spanischen Anarchismus und Pionier der Alternativschulbewegung, ganz klar gegen jede Staatlichkeit von Schule Stellung bezog:

> »Regierungen haben es immer vermocht, ihre Hand auf die Bildung der Menschen zu legen. Sie wissen besser als alle anderen, dass ihre Macht fast vollständig auf den Schulen beruht. Darum monopolisieren sie sie mehr und mehr.«[6]

In seiner Einleitung zu der englischen Ausgabe von Ferrers *La Escuela Moderna*, *Modern School*, schrieb der Übersetzer Joseph M. McCabe (1867-1955): Francesc Ferrer »believed

4 Vgl. zum Begriff des Spätetatismus Stefan Blankertz, *Die Katastrophe der Befreiung: Faschismus und Demokratie* (2013), Berlin 2015, edition g. 104. Ein Beispiel: »Die frühen Schulen sind in der Regel Basislager, deren Vorstände imposante Gipfelambitionen hegen, auch wenn die Gipfel schulspezifisch definiert werden [= Etatismus]. [...] Die späte Schule hingegen räumt mit den transzendenten Prätentionen auf und wehrt die Vorstellung ab, es könne ein reales ›Außerhalb‹ der Schule geben« [= Spätetatismus], Sloterdijk, ebd., S. 295f.

that liberty was essential to the development of man, and central government an evil«. – Am Rande: Dem »*Modern School«-Movement* von Voltairine DeCleyre (1866-1912) in den USA gehörte später, im Übergang zu der »*Summerhill Society*«, Paul Goodman (1911-1972) an. Beide, Voltairine DeCleyre und Paul Goodman, sind, trotz ihrer Schwächen in *puncto* Ökonomie, unverdächtige Anti-Etatisten.

Die heutige Form des linken »Anarchismus« hat mit jenem klassischen Anarchismus nichts zu tun: Diese Form ist bar jeder Kenntnis der Geschichte des Anarchismus einfach ein Reflex auf die Zuschreibung, »Anarchismus« stünde für einen besonders militanten linken Etatismus. Denn selbst wenn man es ablehnt, dass Schulen als privatwirtschaftliche Veranstaltungen organisiert werden, folgt daraus doch noch lange nicht, dass man vehement oder sogar militant für die Beibehaltung »öffentlicher« (= Staats-) Schulen eintreten müsse.

Und seitdem ganz allgemein die vermeintlichen Sprecher der 1968er-Rebellion, die ja immerhin damals unter freien Schulen staats-*un*-abhängige verstanden, zu gnadenlosesten »Konservativen« geworden sind, die die Staatlichkeit der Schule mit Zähnen und Klauen verteidigen, droht radikale Schulkritik in Vergessenheit zu geraten: Das Häuflein Restliberaler vertritt, wenn überhaupt etwas zur Bildungspolitik, höchstens eine private Produktion von Bildung im Rahmen strikter staatlicher Vorgaben. Dies ist eine Idee, die auf John

5 *Confederación Nacional del Trabajo*, der (¿ehemalig?) anarchistische Gewerkschaftsbund Spaniens; gegründet 1910.

6 Francesc Ferrer, *La Escuela Moderna* (1908), Barcelona 2002, S. 64. »Los gobiernos se han cuidado siempre de dirigir la educación del pueblo, y saben mejor que nadie que su poder está totalmente basado en la escuela y por eso la monopolizan cada vez con mayor empeño.« Zu *Ferrer Schools* in den USA vgl. Paul Avrich, *The Modern School Movement: Anarchism and Education in the United States*, Princeton 1980.

Stuart Mill zurückgeht, der sie in »*On Liberty*« (1859) entwickelte und meinte, damit Humboldts Freiheitsgedanken aufzunehmen. Dass eine privat produzierte Bildung, deren Ziele durch staatliche Prüfungen festgelegt sind, kaum als »frei« benannt werden dürfte, konnte schon er nicht mehr verstehen. Der Freiheitsbegriff war bereits beschädigt.

[3] Hartnäckig hält sich dies Gerücht: »Die Medien« verdürben »unsere Jugend«. Mit diesem Gerücht schützen wir uns davor zu fragen, welche Gemeinschaft wir unseren Kindern präsentieren: Es ist eine Gemeinschaft, in der zum einen die perfekte Organisation jede Handlung des Individuums programmiert, und in der zum anderen gleichsam naturwüchsig Brutalität unprogrammgemäß und unorganisiert zurückschlägt – eine Brutalität wohlgemerkt, die sich aller Mittel der politischen Infrastruktur bedient. Der durchgeplante Schulunterricht und die aus ihm unmittelbar folgende Brutalität auf dem Schulhof sind eine Vorübung zum Überleben in dieser Welt. Die *social media* bilden sie ab. Aus ihnen lernen die Kinder von der »Realität« mehr als aus harmonistischer Wohlfahrtsideologie, die ihnen in der Schule beigebracht werden soll. Erst viel später begreifen sie die Heuchelei, dass sie das eine *tun* müssen und das andere *sagen*. Dann sind sie erwachsene, »mündige Bürger« der verwalteten Welt. Es wäre aber nicht besser, für die Freiheit eher schlechter, würde im öffentlich-rechtlichen Funk oder in der Schule deren Sache das Wort geredet. Das *smartphone* ist die Botschaft. Das Medium des Zwanges verwandelt das Richtige in Falsches.

Schulpädagogik, ein Trauerspiel

[1] Als ich meinen Sohn Ende der 1980er Jahre in Bonn auf einer Gesamtschule anmelden wollte, weil ich diese Schulform für ihn unter den gegebenen Möglichkeiten als die Beste erachtete, ging das nicht. Die Schule hatte eine lange Warteliste. Durch die CDU-Schulpolitik, die die Gesamtschule im Namen des Rechts auf elterliche Wahlfreiheit bekämpfte, wurde dieser erfolgreichen Schule es versagt, der Nachfrage entsprechend zu expandieren.

In kaum einen Lebensbereich muss der Begriff der Freiheit sich solche dialektische Verdrehungen gefallen lassen wie im Schul- und Bildungswesen. Für die einen besteht Freiheit darin, sich dem Zwang zu beugen, unter drei Kategorien der staatlichen Vorsortierung von Chancen zu wählen. Für die anderen besteht sie darin, sich durch staatliches Einheitsangebot zu »Freiheit und sozialer Verantwortung« erziehen zu lassen. Unter »pädagogischer Freiheit« ist zu verstehen, dass Lehrer gegen den ausdrücklichen Willen betroffener Schüler und Eltern ihre Vorstellungen durchziehen. Den Lehrern dagegen die Freiheit einzuräumen, den Unterrichtsstoff den Bedürfnissen ihrer Schüler anzupassen, führte dann allerdings doch zu weit. Sie müssen sich an den staatlichen Lehrplan halten, sonst ginge ja die Vergleichbarkeit von Schul-Abschlüssen verloren und »unsere« *(sic)* Wirtschaft bräche zusammen. Schließlich wüssten die Personalchefs dann nicht mehr, wen sie für welche Arbeit einstellen sollten. Obgleich empirische Studien über nun fast hundert Jahre zeigen, dass Schulnoten nie »vergleichbar« machen, selbst wenn standardisierte Tests eingesetzt werden, stören sie kaum die absurde Argumentation. Es geht um Höheres. Da kann man ruhig ums Goldene Kalb mal tanzen, selbst wenn jeder weiß, dass es aus Scheiße besteht.

Aber auch bei den Gegnern der jeweils gerade vorherrschenden Schulpolitik besteht meist wenig Neigung dazu, einen freiheitlichen Standpunkt einzunehmen. Da ist man sich beispielsweise (ohne jeden Beleg) ganz gewiss, dass Mengenlehre zur Schwangerschaft von minderjährigen Mädchen und anderen Perversionen führt. Oder dass die Sexualkunde Kommunisten produziert, die das Eigentum nicht achten. Vor allem weiß jeder gestandene »Schulkritiker«, dass die Ganzwortmethode beim Lesen- und Schreibenlernen in der Grundschule Schuld an der Arbeitslosigkeit ist – strotzen denn nicht die Bewerbungsschreiben vor orthografischen Fehlern? Und eins ist so sicher wie das Amen in der Kirche: Jeder Bewerber bekäme einen Job, wenn er nur keine orthografischen Fehler im Bewerbungsschreiben machen würde. Sogar für den Anarchisten Michael Bakunin, »seit dem es« laut Walter Benjamin »in Europa keinen radikalen Begriff von Freiheit mehr gegeben« habe,[7a] fängt das, was er die »absolute Freiheit« nannte, erst mit der Großjährigkeit nach der »vollständigen [¿zwangsweisen?] Ausbildung« an. Die eigene Schulerfahrung und die Jahrhunderte lange Propaganda der Staatsschule haben es fest in unseren Köpfen verankert: Das, was er fürs Leben (und vor allem Arbeiten) braucht, lernt der junge Mensch einzig durch Zwang. Ein sozialverträgliches Verhalten lernt der junge Mensch einzig durch Zwang. Und auch die Bewahrung einer freiheitlichen

7a Walter Benjamin, »*Der Sürrealismus*« (1929), in: *Gesammelte Schriften*, Band II.1, Frankfurt/M. 1991, S. 306.

7b Julia Koch, *Die Marken-Schule*, Der Spiegel 39/2006, 25.09.2006. Weshalb das Geschäftsmodell dennoch nicht funktioniert, wird weiter unten

Ordnung lernt der junge Mensch einzig durch Zwang. Einen leider nur kurz aufglimmenden Lichtblick hat es einmal im »Spiegel« gegeben, als 2006 über die Phorms AG berichtet wurde, die Privatschulen im Pflichtschulbereich (also unter strengster staatlicher Aufsicht) betreibt.

»›Es ist unanständig, sich auf dem Rücken [*sic*] der Kinder zu bereichern‹, sagt Josef Kraus, Präsident des Deutschen Lehrerverbands. Die Phorms-Kinder machen nicht den Eindruck, als hätten sie den Schutz der Lehrerlobby nötig.«[7b]

Was für eine andere Schulwirklichkeit, auf die der Kapitalismus da einen Ausblick gibt!

[2] Das Verhängnis nahm seinen Lauf, als man das pädagogische Engagement eines sehr individuellen und eigenwilligen Menschen wie Pestalozzi nahm und mit der Preußischen Schulreform Anfang des 19. Jahrhunderts zur verbindlichen Unterrichtspraxis des ganzen Landes machte. Besonders verwirrt hat mich immer, dass derjenige, der die sogenannte Pestalozzische Methode flächendeckend eingeführt hat, kein geringerer war als Wilhelm von Humboldt, der doch eigentlich als liberaler Theoretiker auf bildende Wirkungen von »mannigfaltigen« und selbstgestalteten Situationen setzte. Da haben wir nun auf der einen Seite einen wilden Erzieher, der sein Leben zwischen schwererziehbaren und verwahrlosten Kindern zubrachte, dabei die mannigfaltigsten Situationen sicherlich erlebte, aber gern eine feste, einheitliche und verbindliche Methode schaffen wollte, und auf der anderen Seite einen vornehmen

noch zu klären sein (vgl. S. 92ff): Nach dem Friedman-Theorem ist es schwer, mit einem kostenpflichtigen Produkt, selbst dann, wenn es besser ist, gegen ein »scheinkostenloses«, also ein steuerfinanziertes Angebot zu konkurrieren.

Philosophen, der die staatliche Regelungswut vorausgeahnt hatte und eindämmen wollte, aber in der praktischen Schulpolitik die Uneinheitlichkeit nicht ertragen konnte. Das Wilde, Individuelle, Lebendige, das beide je auf ihre Weise verkörperten, blieb Geschichte. Das Ordnende, Bürokratische, Uniformierende, das sie, wenn nicht gewollt, so doch gewirkt haben, wurde zur Gegenwart.
Ende des 18. Jahrhunderts lösten die liberale Evolution in England und die Revolutionen in Nordamerika und Frankreich die alte ständische Ordnung auf. Mit beginnendem 19. Jahrhundert wurden die Weichen dann so gestellt, dass gegen den staatsbegrenzenden Liberalismus von Adam Smith, Thomas Jefferson und Wilhelm von Humboldt ein Nationalliberalismus obsiegte, in dessen Rahmen autoritäre Wirtschafts- und Sozialpolitik und sogar Imperialismus durchaus koexistieren konnten.
Pestalozzi wäre heute nur eine Fußnote, nicht bekannter als etwa Basedow, wenn nicht ein gewisser Humboldt dafür gesorgt hätte, dass die Pestalozzische Methode gleichsam zu der staatlich verordneten Unterrichtungsdidaktik in der Elementarschule der Preußischen Reformen geworden ist. Die Entscheidung für »Pestalozzi« war schon getroffen worden, bevor Humboldt 1809 das Amt des Kultusministers übernahm. Humboldt stellte diese Entscheidung nicht, wie viele der vorgefundenen Entscheidungen, ernstlich in Frage. Mit den *»Ideen zu einem Versuch, die Grenzen der Wirksamkeit des Staates zu bestimmen«* hatte der junge Humboldt 1793 allerdings das klassische Manifest des ursprünglichen, staatskritischen Liberalismus verfasst. Der Staat habe im Leben der Bürger nichts verloren als nur das eine zu leisten, nämlich den inneren und äußeren Frieden zu sichern.
Als Humboldt dann das Glück – oder das Pech – hatte, zum Preußischen »Kultusminister« berufen zu werden, folgte er

dem Ruf widerstrebend und zögerte kaum ein Jahr später nicht, seinen Posten unverzüglich aufzugeben, als ihm klar wurde, dass der Regierung um Stabilisierung der staatlichen Ordnung es ging und nicht um Verwirklichung des liberalen Programms.

Ausgangspunkt der didaktischen Überlegungen Pestalozzis war, dass er bei seinen verwahrlosten Schülern nicht auf eine in dem Elternhaus bereits grundgelegte bürgerliche Bildung zurückgreifen konnte. So forschte er nach ganz elementaren Konzepten, mit denen die Welt zu »begreifen« sei. Diese Konzepte wollte er den Kindern beibringen, um sie für ein menschenwürdiges Leben auszustatten.

Pestalozzi stieß bei seiner Suche nach dem Elementaren auf Form, Zahl und Wort. Form und Zahl enthalten in seiner Auffassung die formalen Bedingungen der Erkenntnis. Das »Wort« steht Pestalozzi zufolge für die »Kategorien«, die menschliche Erfahrung erst möglich machen. Auf diese Weise sah er die Welt sowohl in ihrer Mannigfaltigkeit als auch in ihrer inneren Zusammengehörigkeit abgebildet. Das subjektive Vorgehen bei der Aneignung entspricht nach der Meinung Pestalozzis in den elementaren Konzepten von Form, Zahl und Wort ihrer objektiven Bedeutung für das Verständnis der Welt.

Die didaktische Umsetzung dieser Überlegung gestaltete Pestalozzi in einer Weise, die er selber mit dem eher unerfreulichen Wort »mechanistisch« benannte. Er zerlegte alles Wissen in die kleinsten Einheiten, die dann durch Nachsprechen und ständiges Wiederholen auswendig gelernt werden mussten.

Die Faszination der Pestalozzischen Methode für die aufgeklärten Zeitgenossen lag in zwei Aspekten: Zum einen war es eine Methode, die von bestimmten Standesbedingungen losgelöst allen Menschen gleichermaßen angemessen war.

Zum anderen, und dazu hatte Pestalozzi selber kaum etwas beigetragen, korrespondierte seine Didaktik in etwa mit der Erkenntnistheorie von Immanuel Kant, und das, obwohl Pestalozzi seine Methode weitgehend unabhängig von den philosophischen Strömungen seiner Zeit entwickelte. Form und Zahl konnten Kants reinen Formen der Anschauung, nämlich Raum und Zeit, zugeordnet werden. Dies fiel bei dem Pestalozzischen Elementarkonzept »Wort« schwerer, da Kants Kategorien nicht aus elementaren Lauten bestehen – (wie Pestalozzi es für seine Methode benötigt hätte) –, sondern aus Logik. Dieser Schönheitsfehler störte jedoch kaum jene Euphorie, mit welcher das intellektuelle Europa meinte, die fortschrittliche Erkenntnistheorie und Volkspädagogik seien durch Pestalozzi zu *einer* Sache zusammengefügt worden.

Einer allerdings teilte diese Euphorie nicht – Humboldt. Er äußerte sich 1804, also nur wenige Jahre vor der Ernennung zum Preußischen Kultusminister, in einem Brief an Goethe voller Verachtung über Pestalozzi:

> »Sagen Sie mir einmal selbst, was aus dem Menschengeschlecht würde, wenn alle Kinder nun 30 Jahre hintereinander nachbeteten: das Auge liegt unter der Stirn, 2 mal 2 ist 4, ein Quadrat hat 4 gleiche Seiten usf. [...] Auch der Bauer und Bettler hat eine Phantasie [...] auch in ihm kann und muss etwas Höheres geweckt werden, und bisher wurde es geweckt. Man las in allen Schulen kapitelweise die Bibel. Da war Geschichte, Poesie, Roman, Religion, Moral alles durcheinander; der Zufall hatte es zusammengefügt, aber die Absicht möchte Mühe haben, es gleich gut zu machen.«[8a]

Humboldt argumentierte hier sozial: »Auch der Bauer und Bettler hat eine Phantasie.« Dagegen gilt es in der pädagogischen Geschichtsschreibung als Merkmal von Humboldt, sozialen Fragen gegenüber unempfindlich gewesen zu sein,

8a Wilhelm v. Humboldt, *Werke in fünf Bänden*, Stuttgart 1981; 5, S. 220f.
8b Johann H. Pestalozzi, *Stanser Brief* (1799), in: ders, *Kleine Schriften zur*

während Pestalozzi das pädagogische Engagement für die Armen in den Vordergrund gestellt habe. Das hat er natürlich getan. Immer wieder betonte Pestalozzi, wie »mitten im Schlamm der Rohheit, der Verwilderung und der Zerrüttung die herrlichsten Anlagen und Fähigkeiten« sich entfalten ließen. Was Humboldt ihm allerdings als Fehler ankreidete, ist, dass nicht »etwas Höheres geweckt werden« würde durch die mechanistische Didaktik der Wiederholung. In der Tat kann es einem kalt über den Rücken laufen, wenn Pestalozzi beschreibt, dass in seinem Unterricht Mengen sinnloser Buchstabenkombinationen »von den Kindern vollkommen gelernt« werden mussten, oder wenn er stolz vermerkt, die Kinder könnten »ganze Reihen von Ländernamen richtig auswendig« aufsagen. Humboldt hatte nicht einmal bezogen auf Pestalozzis Absicht unrecht, ihm ein mangelndes Interesse daran vorzuwerfen, »etwas Höheres« in den armen Kindern zu wecken. So schrieb Pestalozzi ausdrücklich zu Beginn des Berichts über die Armenanstalt in Stanz, dass die Kinder »durch ihre Erziehung nicht aus ihrem Kreis gehoben, sondern durch dieselbe vielmehr fester an denselben angeknüpft« werden sollten.[8b]

Humboldt verteidigte die damals gültige Praxis gegen die Methode Pestalozzis: »Bisher wurde es [d.i. das Höhere] geweckt. Man las in allen Schulen kapitelweise die Bibel.« In der pädagogischen Geschichtsschreibung wird hingegen gern behauptet, Humboldt habe zwar von »Mannigfaltigkeit der Situationen« geträumt, in der Praxis aber derart schlimme Verhältnisse vorgefunden, die ihn dazu zwangen, erstmal einen gewissen Mindeststandard zu gewährleisten. 1804 war Humboldt jedenfalls der Meinung, dass die Schulrealität in Preußen der durch die von der Pestalozzischen

Volkserziehung und Menschenbildung, Bad Heilbrunn 1968 (auch Weinheim 1997). Die Zitate in der Reihenfolge: S. 29, S. 35, S. 36, S. 18.

Methode befürchteten Verblödung überlegen sei. Das sind harte Worte. Aber sie zeigen, dass nicht innere Folgerichtigkeit Humboldt dahin führte, seine Kritik an der Pestalozzischen Methode aufzugeben, sondern dass er die Auffassung änderte.

Humboldt unterstellte eine Methode: »Die Absicht möchte Mühe haben, es gleich gut zu machen [wie die Bibel].« Die geistlosen Nachsprech-Übungen hielt Humboldt demnach für das Zentrum der Pestalozzischen Methode, in der durch Absicht das Natürliche oder das Gewachsene nachgebaut werde. Dies ist eine Unterstellung, weil Pestalozzi selber weitaus weniger sicher war, ob überhaupt etwas völlig Durchstrukturiertes und Geplantes der richtige Weg sei. In seinen Ausführungen zum Sportunterricht finden sich zum Beispiel zwei völlig widersprüchliche Aussagen. Einerseits: Im Spiel des Kindes »mit seinem eigenen Körper hat die Natur den wahren Anfangspunkt der körperlichen Kunstbildung« gegeben. Diese Wertschätzung des Spiels hört sich organisch an. Andererseits empfahl Pestalozzi rein körperliche »Gelenkbewegungen«,[9] welche den mechanistischen Sprechübungen nachempfunden zu sein scheinen.

Ein weiteres Beispiel: Über die Entstehung seiner Armenschule von Stans sagte Pestalozzi, sie sollte »statt [*sic*] eines vorgefassten Planes vielmehr aus meinem Verhältnisse mit den Kindern hervorgehen« und er wolle »die die Kinder umgebende Natur, die täglichen Bedürfnisse [...] selbst als Bildungsmittel« benutzen.[10]

Der kritischen Anmerkung Humboldts zur Methode Pestalozzis möchte ich eine Passage aus dem *Stanser Brief* gegenüberstellen. Zunächst scheint diese Passage mit Humboldts

9 Zit. n. Friedrich Delekat, *Pestalozzi*, Leipzig 1927, S. 290f.
10 *Stanser Brief* (Anm. 8b), S. 25, resp. S. 21.
11 Ebd., S. 37.

Einwendungen nichts zu tun zu haben, denn sie befasst sich mit der Frage der Schulorganisation und nicht mit der der Unterrichtsdidaktik:

»Auch bin ich mehr als je überzeugt, sobald die Lehranstalten jemals mit Kraft und Psychologie mit Arbeitsanstalten verbunden werden, so wird notwendig ein Geschlecht entstehen, das einerseits durch Erfahrung lernet, daß das bisherige Lernen nicht den zehnten Teil der Zeit und Kraftanwendung bedürfe, die gewöhnlich darauf verwendet wird; andererseits, daß dieser Unterricht der Zeit, der Kräfte und der Hülfsmittel halber mit den häuslichen Bedürfnissen so in Übereinstimmung gebracht werden könne, daß die gemeinen Eltern allenthalben sich selbst oder jemand von ihren gewöhnlichen Hausgenossen dazu geschickt zu machen suchen werden, welches durch die Vereinfachung der Lehrmethode und durch die steigende Zahl vollendet geschulter Menschen immer leichter werden wird.«[11]

Die Verbindung von Leben, Arbeit und Bildung, die Pestalozzi vorschwebte, war Humboldts Sache nun freilich nicht. Humboldt hielt dafür, dass Bildung den Menschen von der reinen Zweckhaftigkeit erlösen sollte. Das hat etwas für sich, weil die enge Bindung der Bildung an die Nützlichkeit das Lernen auf die bestehenden Verhältnisse fixiert. Gleichwohl zeigte eine traurige Erfahrung, wie blutleer und letztlich unkritische am Bestehenden vorbei ein auf Schulorganisation beschränkter Bildungsbegriff der Humboldtschen Prägung werden kann.
Und genau im Zusammenhang mit dieser historischen Erfahrung wird die zitierte Passage besonders brisant: In ihr drückte Pestalozzi zwischen den Zeilen ja auch aus, dass er seine Didaktik keineswegs dazu gedacht hatte, den Unterricht in der Institution »Schule« zu bestimmen. Vielmehr schwebte ihm vor, wie er an einer anderen Stelle sagte, die Schule »beinahe überflüssig zu machen«. Von den Lehrern in der Schule meinte Pestalozzi: »Diesen mangelt das Fundament von tausend das Herz der Kinder anziehenden und festhaltenden Umständen, deren Mangel sie den Kindern

fremd [...] macht.«[12] Obwohl die von Pestalozzi angestrebte Verbindung von Lernen und Arbeit also nicht in Humboldts Konzept passte, entsprach der Grundtenor des Gedankens jedoch der ursprünglichen Auffassung Humboldts: Bildend sei die »Mannigfaltigkeit der Situationen«, die durch einen zu hohen Grad an staatlicher Reglementierung gefährdet werde. Darum dürfe der Staat auch in Sachen Erziehung und Unterricht nicht ordnend eingreifen.

Als man Humboldt 1809 zum Preußischen Kultusminister machte, wurde er allerdings mit einer Realität konfrontiert, von der er nicht viel wusste. Und für diese Realität fand er kaum eine Handlungsanweisung in seinen vorher gefassten Überlegungen. Denn es gab eine sehr wohl reglementierte Schulwirklichkeit; die Reglementierung ging jedoch nicht von einem zentralen Staat direkt aus, sondern gleichsam indirekt von staatlich privilegierten Partikularmächten wie den Ständen, den Zünften oder den Kirchen.

Diese Realität im Visier, erlag Humboldt den Verlockungen der Macht, wenn auch bloß für sehr kurze Zeit. Humboldt wollte die Macht des zentralen Staates benutzen, um den Unterricht den Klauen der Partikularmächte zu entreißen. Die Idee bestand darin, im ersten Schritt eine humanistisch und liberal gesonnene Lehrerschaft in einer einheitlichen, keiner Partikularmacht unterstehenden Schulorganisation herauszubilden, um dann den »geläuterten« Bürgern ein wahrhaft befreites Bildungswesen zur Selbstverwaltung zu überlassen. In Humboldts Worten hieß das, die Schulen »in die Hände der Nation« zu legen: das Kultusministerium, die sogenannte »Sektion des Kultus und des öffentlichen Unterrichts«, gleichsam unnötig zu machen.

Die für Humboldts Plan notwendige Lehrerschaft allerdings

12 Ebd., S. 37 resp. S. 29.

13 Zu den wichtigsten zähle ich: E. G. West, *Education and the Industrial*

konnte man offensichtlich nirgendwo antreffen. Die Lehrer waren im damals bestehenden System sozialisiert worden. Für den Zweck, relativ schnell eine einheitliche Methode durchzusetzen, schien Pestalozzis Volksbildungsvorstellung geeignet zu sein: Pestalozzi präsentierte eine Didaktik, die bestechend einfach war und dennoch auf dem Boden der fortgeschrittensten philosophischen Grundlage stand, nämlich der von Immanuel Kant.

Mit dem Einsatz von der Pestalozzischen Methode, um eine rasche Vereinheitlichung einer Lehrerschaft in einem vielgestaltigen Bildungswesen zu erreichen, verkehrt sich, so die These von mir, ihr Sinn: Während die Methode für einen Kontext geschaffen wurde, der Humboldts ursprünglichen »mannigfaltigen Situationen« entsprach, bekam sie nun die Funktion der Nivellierung und zentralen Kontrolle von Situationen, in diesem Fall von Unterrichts- und Bildungssituationen.

Heute wird gesagt, Humboldt habe als Kultusminister einen Praxis-Schock erlitten, als er sah, wie übel die Elementarschulen gewesen seien, um deren Zustand er sich vorher nicht kümmerte. Im Brief an Goethe rechtfertigt er allerdings ohne Zweifel die damals gängige Praxis gegenüber der Pestalozzischen Methode. Die These von der Übelkeit der Schulen vor Errichtung zentralstaatlicher Schulen ist in allen westeuropäischen Industrieländern im 19. Jahrhundert bemüht worden, um die Verstaatlichung voranzutreiben. Für England und Amerika gibt es inzwischen Untersuchungen, die nahelegen, es handele sich um Ideologie.[13] Für Preußen steht eine solche Untersuchung nach wie vor aus.

Neben der Verkehrung der Volksbildungsfunktion von Pestalozzis Didaktik findet durch Humboldts Bildungsreform

Revolution (1975), Michael Katz, *The Irony of Early School Reform* (1968), David Nasaw, *Schooled to Order* (1979).

auch eine Verkehrung der sozialen Perspektive statt. Oben habe ich Humboldt zitiert mit der Aussage, Bildung müsse den sozial Schwachen in seinen humanen Möglichkeiten entwickeln und ihn aus seiner Misere herausholen. Dies klang gegenüber Pestalozzis scheinbar konservativem Ziel, den Armen in seinem Kreise zu belassen, sehr fortschrittlich. Im Kontext des Preußischen Schulwesens allerdings begegnet uns dann eine völlig andere Umsetzung. Denn das »Herausheben« des Armen aus seinem sozialen Verband bedeutete nicht, ihn zu einem anderen Leben in der tatsächlichen Gesellschaft zu befähigen, vielmehr Abstinenz der Bildung vom Bezug zur Arbeit und zum Zusammenleben. Die Beschäftigung mit den Kulturleistungen hieß nicht, dass der Arme an den Privilegien der Wohlhabenden beteiligt wurde, sondern dass ihm der Unterricht nicht nützen sollte, einen besseren Status zu erreichen.
Dagegen stellte sich Pestalozzi vor, dass die von ihm unterrichteten Kinder nicht ihren sozialen Kreis verließen, sondern in ihm ihr Wissen und ihre Fähigkeiten weitergäben. Auf diese Weise sollte eine Gemeinschaft entstehen, die selbstbewusst in der Lage ist, ihren eigenen Unterhalt mit Würde zu erarbeiten, ohne auf Maßnahmen der Wohlfahrt angewiesen zu sein. Eine solche Gemeinschaft wäre nicht abhängig von der Obrigkeit und brauchte sich dann auch von ihr nichts mehr gefallen zu lassen.
So möchte ich behaupten, dass die Preußische Schulreform, die das Paradigma des Bildungswesens für die ganze Welt gesetzt hat, das Schlechteste aus Humboldt und Pestalozzi realisierte: den Wunsch nach Einheitlichkeit und Homogenität. Dagegen bleibt das Bessere ihrer Gedanken, die Selbstbestimmung der Lernenden und Lehrenden, bloß als utopischer Überschuss das Vermächtnis, welches uns daran erinnert, dass wir als Menschen dazu aufgerufen sind, mehr

zu sein als Marionetten staatlicher Organe. Allerdings ließe kein Gedanke sich verkehren, der das Verkehrte nicht schon als Keim in sich trüge.

1. Obwohl Pestalozzi »seine« verwilderten Kinder aufs höchste idyllisierte, schenkte er in seiner Methodenlehre dem Kind als teilnehmendem und handelndem Wesen keine große Beachtung. (Heutige an Sozialisations- und Milieutheorien orientierte Lehren tun das übrigens auch nicht.) Für ihn reduzierte der Unterricht, wie er selber bemerkte, sich auf »Gedächtniswerk«.[14] Katharina Rutschky hat in ihrem Schreckenskabinett *»Schwarze Pädagogik«* die zunächst harmlos wirkende Einlassung Pestalozzis aufgenommen, »wer noch lernt, darf nicht urteilen«.[15] Dass Lernen immer ein aktives Annehmen und damit auch Urteilen ist, kam Pestalozzi nicht in den Sinn. Das macht den theoretischen Hintergrund aus, auf dem er seine mechanistische Methode aufbaute. Humboldt verurteilte diesen Mechanismus. Aber für den Kontext der Staatsschule war er einfach unwiderstehlich ideal.

2. Das uneingeschränkte Engagement Pestalozzis für seine Kinder ist auf der einen Seite rührend, geradezu heroisch. Im *Stanser Brief* heißt es: »Meine Tränen flossen mit den ihrigen, und mein Lächeln begleitete das ihrige. [...] Ich war am Abend der letzte, der ins Bett ging, und am Morgen der erste, der aufstand«. Die absolute Aufopferung konnte jedoch auch in ein Allmachtsgefühl umschlagen: »Alles, was ihnen an Leib und Seele Gutes geschah, ging aus meiner Hand«, behauptete Pestalozzi. Daraus leitete leicht sich die Vorstellung ab, seinerseits alles zu dürfen. So findet sich im *Stanser Brief* diese unglaubliche Bemerkung: »Ich forderte

14 *Stanser Brief* (Anm. 8b), S. 37.

15 Katarina Rutschky, *Schwarze Pädagogik: Quellen zur Naturgeschichte der bürgerlichen Erziehung* (1977), Berlin 1997, S. 107.

unter anderem zum Scherz, daß sie [die Kinder] während dem Nachsprechen dessen, was ich vorsagte, ihr Auge auf den großen Finger halten sollten.« Ich frage mich, was den Erzieher berechtigt, etwas »zum Scherz« zu »fordern«, d. h. etwas, das sich nicht begründen lässt.[16]

3. Die Stellung Pestalozzis zum Staat ist von tiefen Widersprüchen durchzogen. Einerseits verfolgte er gern das Bild vom Staat als Verlängerung des Hausvaters oder als ein Stellvertreter von dem Vatergott, kritisierte er den Liberalismus, »der die Gewalt schwächt« und »den schwachen Staat notwendig an die äußersten Abgründe führt«. Andererseits findet Pestalozzi, dass sich »Macht und Sittlichkeit widersprechen«, und betont bisweilen, dass der Staat als Staat »in seinen wesentlichsten Einrichtungen bestimmt wider das Christentum« handelt.[17] Da Pestalozzi auf systematische Ausarbeitungen keinen Wert legte, hat er diesen Gegensatz nie überbrückt. Humboldt konnte sich durchaus in den staatskritischen Äußerungen Pestalozzis wiederfinden. Die preußische Lehrerschaft jedoch verehrte in Pestalozzi den Vorreiter einer Auffassung vom Staat als den »großen, wohltätigen Erzieher«.

Pestalozzi hat die Bedeutung der kindlichen Aktivität für den Lernprozess nicht eingesehen. Das macht den Erzieher zu einer Instanz, die geschickt die Kinder auf gewünschte Ziele hinlenken, ja sogar manipulieren solle und auch dürfe. Diese Vorstellung, dass der Erzieher genau wisse, wie die Kinder und die späteren Erwachsenen sein sollten, erzeugt fast unweigerlich den Wunsch, dass das gesamte Leben durch die Instanz des Staates in angeblich richtige Bahnen gelenkt werde. Und in seinen sexualpädagogischen Schriften

16 Pestalozzi (Anm. 8b), S. 22f, resp. S. 22, resp. S. 28.
17 Zit. n. Delekat (Anm. 9), S. 186, 181, 167.
18 Zit. n. ebd., S. 134.

träumte Pestalozzi von »Gewissensbeiräten« und »Sittengerichten«, die alle schwangeren Mädchen in ihre Obhut nähmen.[18] Die Erfahrung jedoch lehrte Pestalozzi, dass der Staat nicht die hehren Ideale der Aufklärung oder die des Christentums verwirklicht, sondern reinen Machtinteressen folgt. Am Ende steht dann Kulturpessimismus: Die Menschen verhalten sich nicht »von allein« im Sinne des Volkserziehers, sie können aber auch nicht durch den Staat dazu gebracht werden, weil der Staat nur seine eigenen Interessen wahrt. Darum scheint die Menschheit verloren zu sein.

Wenn wir nicht in dem Pestalozzischen Kulturpessimismus münden, aber ebensowenig uns der Kritik an bestehenden Zuständen entsagen wollen, müssen wir die entscheidende Voraussetzung bei Pestalozzi korrigieren. Dies können wir mit dem frühen Humboldt tun: Die Aufgabe des Aufklärers und des Volkspädagogen ist es nicht, genau zu bestimmen, wie die Menschen zu sein haben, um in Freiheit ein gutes Leben zu führen. Vielmehr ist es die Aufgabe, diejenigen Behinderungen aufzuheben, die die Menschen erfahren, wenn sie ihre Vorstellungen vom guten Leben verwirklichen wollen – diese Behinderungen aufzuheben, um eine soziale Situation herbeizuführen, in der durch »Mannigfaltigkeit« sich das Beste herauszubilden vermag.

Dies freilich hat unübertroffen der alte Kant in seiner Schrift über die *»Religion innerhalb der Grenzen der bloßen Vernunft«* 1793 formuliert:

»Ich gestehe, daß ich mich in den Ausdruck, dessen sich auch wohl kluge Männer bedienen, nicht wohl finden kann: ein gewisses Volk [...] ist zur Freiheit nicht reif. [...] Nach einer solchen Voraussetzung aber wird die Freiheit nie eintreten; denn man kann zu dieser nicht reifen, wenn man nicht zuvor in Freiheit gesetzt worden ist (man muß frei sein, um sich seiner Kräfte in der Freiheit zweckmäßig bedienen zu können). Die ersten Versuche werden freilich roh, gemeiniglich auch mit einem beschwerlicheren und gefährlicheren Zustande verbunden sein, als da man noch unter den Befehlen, aber auch der Vorsorge anderer stand; allein man reift für die Vernunft nie anders als durch eigene Versuche (welche machen zu dürfen, man frei sein muß).«[19]

Ein Gedanke mit weitreichender politischer Sprengkraft, gerade in einer Zeit, in der der Staat verstärkt zurückkehrt zu paternalistischen Maßnahmen. Aber auch ein Gedanke, dessen pädagogische Implikationen noch kaum bedacht worden sind. Kant spricht hier vom »Reifen«, also einem Lernprozess. Pädagogik, die wie Pestalozzi meinte, davon ausgehen zu müssen, dass der, der da lerne, nicht zu urteilen habe, scheitert. Denn nur der lernt, der seine Vernunft gebraucht und das heißt: urteilt.

[3] Ich übergehe an dieser Stelle die Frage, ob die Lerntheorie zur Psychologie oder zur Pädagogik gehöre. Die Pädagogik durchzieht von ihrem Beginn an die bange Frage nach ihrer Autonomie.[20] Die Gestaltpsychologie ist Ende des 19., Anfang des 20. Jahrhunderts in Opposition zur so genannten Assoziationspsychologie entstanden. Gibt es eine der Assoziationspsychologie vergleichbare Theorie in der Pädagogik?

Etwas verkürzt und überspitzt möchte ich die Standard-Lerntheorie folgendermaßen skizzieren: Ein Mensch, auch und gerade ein junger Mensch lernt, indem vom Einfachen zum Komplexen und vom Konkreten zum Abstrakten er voranschreitet. Wir lernen »zuerst« Vokabeln und einfache grammatikalische Strukturen, um dann später eine Sprache verstehen, sprechen, lesen und schreiben zu können. Wir

19 Immanuel Kant, *Die Religion innerhalb der Grenzen der bloßen Vernunft* (1793), A 292. (Gute Ausgabe z. B. Hamburg 2004.)

20 Vgl. z. B. den Buchtitel eines in der Weimarer Zeit und in den Anfangsjahren der Bundesrepublik sehr einflussreichen Pädagogen: Erich Weniger, *Die Eigenständigkeit der Erziehung in Theorie und Praxis*, Weinheim 1952.

lernen »zuerst« das Rechnen, um später mathematische Operationen vornehmen zu können. Wir lernen »zuerst« geschichtliche Daten, um später Zusammenhänge erkennen zu können. Das ist die Entsprechung zum psychologischen »Assoziationismus« in der Pädagogik. Paul Goodman sah die Sache anders:

»In jeder Gesellschaft ist die Erziehung der Kinder von größter Bedeutung. Aber in allen Gesellschaften, sowohl primitiven als auch hoch zivilisierten, geschah die Erziehung bis vor Kurzem meist beiläufig [*incidentally*]. Die Erwachsenen machten ihre Arbeit oder gingen anderen sozialen Aufgaben nach. Die Kinder waren nicht ausgeschlossen. Den Kindern wurde Aufmerksamkeit gezollt und sie lernten, dabei zu sein; sie wurden nicht unterwiesen. [...] Im Allgemeinen passt dieser beiläufige Prozess besser zu der Natur des Lernens als direktes Lehren. [...] Urtyp einer erfolgreichen beiläufigen Erziehung ist die Art, in der Kleinkinder das Sprechen lernen.«[21]

Schauen wir uns an, wie ein Kind, dessen Eltern in ein Land ziehen, wo eine andere als die Muttersprache gesprochen wird, jene lernt, sehen wir die Schwäche der Standard-Lerntheorie: Ausgangspunkt des Kindes ist die Motivation zu kommunizieren, und indem es »dabei« ist, lernt es, die anderen zu verstehen und selber sich verständlich zu machen. Die Sprache muss nicht in einfache, wenig komplexe Einheiten herunter gebrochen werden. Das Lernen des Kindes selber vollzieht sich zwar schrittweise und seine Sprach-Fähigkeit steigt kontinuierlich, aber dabei werden zum Teil bestimmte komplexe und abstrakte Worte oder schwierige grammatikalische Konstruktionen vor den einfachen gelernt, wenn es die Situation nahe legt. Der von Goodman inspirierte Lehrer, Kinderrechts- und Homeschooling-

21 Paul Goodman, *The Present Moment in Education*, 1969, in: *Drawing the Line* (hg. von Taylor Stoehr), New York 1977, S. 67. Der Essay gehört nach Stoehrs Angaben zur am weitesten verbreiteten von Goodmans Schriften. Dt. in: Paul Goodman, *Einmischung*, hg. und übersetzt von Stefan Blankertz, Bergisch Gladbach 2011.

Aktivist John Holt hat diesen Vorgang in dem Buch »*How Children Learn*« (*Wie Kinder lernen*, 1967) genau verfolgt, nachdem er zuvor untersucht hatte, wie Kinder in Schulen zu Versagern werden (*How Children Fail*, 1964).
Die Einsicht in die Struktur des Lernens ist allerdings nicht so neu wie es im Angesicht der Vorherrschaft der Standard-Lerntheorie erscheinen mag. Jean-Jacques Rousseau, von vielen als der eigentliche Begründer der neuzeitlichen Pädagogik angesehen, hat in seinem Erziehungsroman »*Emile*« bereits 1762 festgestellt, dass er nicht sich bemühen werde, seinem Zögling Emile Lesen und Schreiben beizubringen. Vielmehr beschreibt er, dass Emile Lesen lernte, als er Briefe erhielt, die er unbedingt sofort lesen können möchte.[22]
Ohne weitere Beispiele aneinanderzureihen, möchte ich darauf hinweisen, dass in der Geschichte der pädagogischen Theorie fast immer auf die realistische Lerntheorie bezug genommen wird, die das Interesse des Lernenden zum Ausgangspunkt nimmt und das Lernen als in hermeneutischen Zirkeln ablaufend beschreibt: Abstraktes und Konkretes, Komplexes und Einfaches bilden also kein Nacheinander, sondern bedingen sich wechselseitig. Anders ausgedrückt: Gelernt werden immer Gestalten. Aus der Masse dessen, was den Hintergrund bildet, werden je nach Interesse und schon vorhandenen Fähigkeiten einzelne, aber schon in sich sinnvolle Teile in den Vordergrund gehoben und gehen dann wieder in den Hintergrund ein, wenn es sinnvoll ist, sich einem anderen Teil zuzuwenden.

22 »Das Lesen ist die Geißel der Kindheit, und fast die ausschließliche Beschäftigung, die man ihr zu geben weiß. Kaum in seinem zwölften Jahre soll Emil wissen, was ein Buch ist. Aber, wird man einwenden, er wird doch wohl wenigstens lesen lernen müssen. Das gebe ich zu, aber er soll erst dann lesen können, wenn ihm das Lesen Nutzen bringt; bis dahin kann es ihm nur Langeweile bereiten.« *Emile* (1762), 2. Buch (Stuttgart 1980, S. 258).
23 *Stanser Brief* (Anm. 8b), S. 35f. – Mit der zitierten Passage verstößt er

Wenn wir danach suchen, wie trotzdem die Standard-Lerntheorie entstehen konnte, stoßen wir in der Geschichte der Institutionalisierung der Schule wiederum auf Pestalozzi. Pestalozzi ist einer der wenigen bedeutenden Pädagogen, der die These vertreten hat, beim Lernen werde stets vom Einfachen zum Komplexen und dann vom Konkreten zum Abstrakten geschritten. Beispiel: Beim Lesenlernen ging Pestalozzi nach eigenen Worten so vor,

»das ganze Alphabet fünffach nach allen Vokalen zusammenzusetzen [...]. Alle Konsonanten laufen durch alle Vokale vorwärts und zurück: *ab, ba, ec, ce, di, id, fo, of, fu, ug* usw. Dann verfolgte ich die Methode mit drei Buchstaben: *bub, dub, bic, cib, fag, gaf, goh, hog.* [...] Jede zwei Reihen der Buchstaben müssen von den Kindern vollkommen gelernt sein, ehe man zu einer neuen fortschreitet. In der dritten Reihe folgen Zusammensetzungen und Verbindungen von vier und fünf Buchstaben, z.B. *dud, dude, rek, reken, erk, erken.* Von da aus hängte ich dann die von dieser einfachen Urgrundlage [*sic!*] ausgehenden Worte an ihre Fundamente an, z.B. [...], *qua, quak, quaken* [...]. Im Schreiben war meine Methode: sehr lange bei drei, vier Buchstaben, welche die Grundzüge vieler anderen enthalten, stehenzubleiben und Worte aus diesen zu formen und zusammenzusetzen, eher sie einen anderen versuchen durften [*sic!*]. Sobald sie ›*m*‹ und ›*a*‹ konnten, so mußten sie ›*man*‹ schreiben, und das so lange, bis sie das Wort in vollkommen gerader Linie und die Buchstaben mit Richtigkeit geschrieben hatten. [...] Überall war mein Grundsatz: das Unbedeutendste, so die Kinder lernten, zur Vollkommenheit zu bringen und nie, in nichts zurückzugehen, sie kein Wort, das sie einmal gelernt hatten, vergessen, keinen einzigen Buchstaben, den sie wohl geschrieben, jemals wieder schlechter schreiben zu lassen.«[23]

Drei pädagogische Anmerkungen zu dieser »Methode« vom Gestaltansatz her:

m. E. gegen seinen anderen Grundsatz, nämlich »keine künstlichen Hülfsmittel, sondern bloß die die Kinder umgebende Natur, die täglichen Bedürfnisse und die immer rege Tätigkeit derselben selbst als Bildungsgrund zu benützen« (ebd., S. 20f). – Es ist schon eine fatale Auffassung, dass das Wort *erkennen* aus der »Urgrundlage« von *erken* hervorgehe. – Dagegen Rousseau: »Emile wird niemals etwas auswendig lernen.« *Emile* (Anm. 22, S. 250).

(1.) Pestalozzi verneint mit ihr die Notwendigkeit, dass zum Ersten etwas, das gelernt werden soll, in einen bereits vorhandenen sinnvollen Rahmen gestellt wird, zum Zweiten dass das, was gelernt worden ist, in den Hintergrund gleiten können muss, sowie zum Dritten dass das Ganze mehr ist als die Summe seiner Teile.
(2.) Wie dem auch sei, die pestalozzische Auffassung vom Lernen ist die Einstellung, die noch heute dazu führt, beispielsweise unbesehen davon auszugehen, dass, wer nicht Kopfrechnen könne, auch keinen Dreisatz beherrsche, und wer keinen Dreisatz beherrsche, sich mit der Quantenphysik nicht befassen möge.
(3.) Allerdings ist Pestalozzis »mechanische Methode«, als die er selber sie bezeichnete, unter einer ganz speziellen Bedingung entstanden: In der Schweiz hatte er es mit in den Revolutionswirren Ende des 18. Jahrhunderts verwahrlosten Kindern zu tun. Er nahm sich ihrer in »väterlicher« und, wie er immer betonte, auch »mütterlicher« Weise an. Jedem Kind einzeln wandte er sich zu, um es zum Lernen zu motivieren; vor allem aber lernten die Kinder, wie halb stolz, halb zerknirscht Pestalozzi bemerkte, um *seinetwillen*. Alles, was wir von Pestalozzi wissen, deutet darauf hin, dass er ein – im positiven Wortsinne – chaotischer Mensch war,[24] der auch als Lehrer – heilsam! – chaotisch agierte, so dass seine scheinbar strenge Methode ein Gegengewicht dazu bildete, um für Struktur und Folgerichtigkeit zu sorgen.
Der verhängnisvolle Erfolg, den die Humboldtsche Reform nicht nur in Preußen, sondern auf der ganzen Welt hatte, die Pestalozzische Methode auf die beschriebene Weise zu implementieren, verdankt nicht sich ihrem pädagogischen

24 Die Anstalt in Stans »sollte statt eines vorgefassten Planes vielmehr aus meinem Verhältnis mit den Kindern hervorgehen« (ebd., S. 25).
25 Vgl. Andreas Gruschka, *Didaktik*, Wetzlar 2002.

Sinn, der sowohl von Humboldt als auch von Pestalozzi aus gesehen gar nicht gegeben ist, sondern ihrer Geeignetheit für eine zentral staatlich gesteuerte Institution, deren Ziel darin besteht, die Bevölkerung der sich emanzipierenden bürgerlich-industriellen Welt *entgegen* zu disziplinieren.

Von hier an verkommt »Pädagogik« zur Ideologie. Sie hält nämlich an der Fiktion fest, es ginge im Lernprozess darum, dass ein Lehrer mit einem Schüler sich um eine Sache mühe. Dies wird die »pädagogische Triade« genannt.[25] In Wirklichkeit aber ist ein Lehrer vom Staat durch den Lehrplan dazu angehalten, vielen Schülern etwas beizubringen, die weder freiwillig dort sitzen, sondern vielmehr durch Schulpflicht bzw. Berechtigungswesen gezwungen, noch Interesse am Stoff haben, noch den Sinn des Lernens für ihr eigene Zukunft einsehen. Damit wird Pestalozzi, immer noch der Übervater der Grundschullehrerschaft, auf den Kopf gestellt. Dennoch zieht sich die Fiktion der »pädagogischen Triade« bis zum heutigen Tag in der Didaktik durch, wie Andreas Gruschka nachgewiesen hat.

Mit dem Gestaltbegriff lässt sich eine Lerntheorie entwickeln, die durchaus mit der Tradition der Pädagogik in Einklang steht. Das Problem beginnt an der Stelle, wo die Gestalt-Lerntheorie mit den institutionellen Bedingungen der Schule in Konflikt gerät, sodass eine Anwendung der Gestaltpädagogik auf den Wirkungsbereich der Pädagogen schwer möglich ist. Gestaltpädagogik im Sinne der Wissenschaft widerspricht einer Gestaltpädagogik im Sinne der Anwendung auf einen Wirkungsbereich, nämlich dem der Lehrer. Das macht verständlich, warum Gestaltpädagogik sich in ihrer Praxis zu einer »Gestalttherapie für Lehrer« entwickelt: Denn eine Praxis der Gestaltpädagogik kann es unter den gegebenen Bedingungen schwerlich geben. Das war der Grund, warum Georg Dennison und die anderen

Alternativschul-Aktivisten in den 1960er Jahren die Parole ausgegeben hatten: Raus aus der öffentlichen Schule! Lasst uns alternative, auf Freiwilligkeit basierende Institutionen aufbauen! Die Bedingungen ihres Scheiterns werden unten in »Radikale Nichtreformierbarkeit« analysiert.

[4] Autonomie als *das* Ziel steht nicht zur Disposition. Selbst im »Gehorsam« ist, wie Thomas von Aquin betont, ein Urteil gefordert, ob das Befohlene gegen die Gerechtigkeit verstoße.

»Ob Christen gehalten seien, weltlicher Gewalt zu gehorchen? [...] Weil nun die weltliche Herrschaft der Fürsten sehr oft ungerecht ausgeführt wird oder mit ungerechter Usurpation ihren Anfang genommen hat, scheint es, Christen müssten den weltlichen Fürsten nicht gehorsam sein. [...] Ich antworte: [...] Der Mensch braucht weltlichen Fürsten nur insoweit gehorchen, als es die gerechte Ordnung erfordert. Wenn sie ungerechterweise an der Macht sind und sie usurpiert haben oder sie Ungerechtes befehlen, dann sind die Untertanen nicht gehalten zu gehorchen, es sei denn gleichsam zufällig, um einem Ärgernis oder einer Gefahr aus dem Weg zu gehen.«[26a]

Grundlegender noch als Freiheit ist Autonomie ins Mensch-Sein eingeschrieben. Denn Autonomie stellt die Forderung, die aus der menschlichen Möglichkeit sich ergibt, Entscheidungen zu treffen und von Gründen abhängig zu machen. Die Forderung ergeht an den Einzelnen, sich in Situationen, die seinem Urteil nach Ungerechtigkeit beinhalten, nicht zu

26a »Utrum Christiani teneantur saecularibus potestatibus obedire. [...] Cum ergo dominia principum saecularium plerumque cum iniustitia exerceantur, vel ab aliqua iniusta usurpatione principium sumpserint, videtur quod non sit principibus saecularibus obediendum a Christianis. [...] Respondeo: [...] Dicendum quod principibus saecularibus intantum homo obedire tenetur, inquantum ordo iustitiae requirit. Et ideo si non habeant iustum principatum sed usurpatum, vel si iniusta praecipiant, non tenentur eis subditi obedire; nisi forte per accidens, propter vitandum scandalum vel periculum.« *Summa theologica*, II-II, 104-6 (3 | ad 3).

fügen; sie ergeht aber auch an die politische Organisation der Gesellschaft, die autonome Gewissensentscheidung des Einzelnen zu akzeptieren.

Der moralisch grundlegenden Verpflichtung auf die Autonomie zum Trotze tun wir uns mit der Autonomie stets schwer. Die kritischen Sozialwissenschaften zeigen auf, wie stark wir uns in *peer groups* verhalten. Die gesellschaftliche Realität der Moral ist eine Orientierung an der Normalität und nicht an der Vernunft. Ja, wir akzeptieren sogar die Tatsache, dass etwas »üblich« sei, als eine Entschuldigung selbst für schwere Verbrechen wie gehorsame Ausführung der Befehle autoritärer Regime.

Die reaktionäre Kulturkritik zieht aus der Schwierigkeit, »die Autonomie zu leben«, den zynischen Schluss, dass die Forderung nach Autonomie gleichsam eine ungerechte Überforderung des Menschen darstelle. Man solle, so das reaktionäre Credo, den Menschen wieder erlauben, blinden Gehorsam zu üben.

Auf der einen Seite beklagen wir den Mangel an Autonomie sowohl der einzelnen Schule als auch des einzelnen Lehrers. Wohl die meisten Lehrer, Eltern, Schüler, Erziehungswissenschaftler und die interessierten Laien würden es begrüßen, wenn vor Ort eine Anpassung an Wünsche, Besonderheiten und innovative Ideen möglich wäre. Auf der anderen Seite jedoch wird autonomes Handeln bestraft. Eine Abweichung vom Lehrplan etwa, die sich ein Lehrer leisten mag, kann die ganze Schullaufbahn eines Schülers durcheinander bringen und treibt die Eltern nicht so sehr auf die Barrikaden als vors Gericht.

Im Interesse der Autonomie tut es Not, *vor* aller Praxis die Auswirkungen zu untersuchen, die eine auf größere Unabhängigkeit der Schulen zielende Reform unter gegebenen gesellschaftlichen Verhältnissen hat. Wir müssen zunächst betrübt fragen, ob eine Institution, die wie die Staatsschule jahrhundertelang im Dienst gegen den Menschen gestanden hat, überhaupt zum Sachwalter einer befreiten Gesellschaft umgestaltet werden könne.

1. 1991 verfügte Marianne Tidick, schleswig-holsteinische Kultusministerin, die alte Forderung von zahlreichen Schulkritikern zu erfüllen: Zensuren in der Grundschule abzuschaffen. Viele Eltern und zum Teil sogar Schüler empörten sich darüber und versuchten, diese Reform zu verhindern.[26b]

EINERSEITS: Die Schulverwaltung handelt gleichsam »autonom« gegenüber den Ansprüchen, den Wünschen und den Vorstellungen der Eltern. Die Möglichkeit, derart von den Betroffenen unabhängig handeln zu können, erreicht die Institution aufgrund von zwei spezifischen Merkmalen ihrer staatlichen Verfasstheit. Das erste Merkmal, das der Schulverwaltung Unabhängigkeit von den Betroffenen – Kindern und Eltern – garantiert, ist Annahmezwang: bestehend aus Schulpflicht und Berechtigungswesen. *Schulpflicht* zwingt unmittelbar gewisse, vom Staat als unmündig klassifizierte Personen zur Annahme seiner Bildungsleistung in einer anerkannten Einrichtung. Das *Berechtigungswesen* regelt den Zugang zu einer Reihe von Berufen und nötigt mittelbar alle diejenigen zur Annahme der Bildungsleistung, die einen entsprechenden Beruf ausüben wollen. Mit Annahmezwang werden die Betroffenen daran gehindert, bei Missfallen über Art, Form, Umfang oder Kosten der angebotenen Bildungsleistung eine Alternative zu wählen.

Das zweite Merkmal der Schulverwaltungs-»Autonomie« besteht in Monopolschutz – genannt *Schulgeldfreiheit.* Der Begriff »Schulgeldfreiheit« ist bereits ein Euphemismus. Hinter ihm verbirgt nämlich der Umstand sich, dass die öffentlichen Schulen über die Steuern indirekt finanziert

26b *»Hammer von oben«*, Der Spiegel 34/1991, S. 74ff.

werden. Weil keine direkten Gebühren erhoben werden, entsteht der Schein, als sei die öffentliche Bildung kostenlos. Die von mir so benannte »Scheinkostenlosigkeit« öffentlicher, vom Staat anerkannter Schulen führt dazu, dass die Betroffenen dann doppelt bezahlen müssen, insofern sie eine ihnen formal offenstehende Alternative in Anspruch nehmen – mit ihren *Steuern* das von ihnen abgelehnte staatliche »Angebot« und mit den *Gebühren* die von ihnen gewählte »private« Alternative. Schulgeldfreiheit ist also weit entfernt davon, sozialen Ausgleich zu schaffen; vielmehr reserviert sie Wahlfreiheit für die Wohlhabenden.
Ungeachtet dessen, auf welcher Seite man pädagogisch im Zensuren-Streit steht, muss man einsehen, dass – soziologisch gesehen – die durch Annahmezwang und Monopolschutz begründete Autonomie ein Kennzeichen der Herrschaft ist. Unter diesem Gesichtspunkt ist der Eltern-Protest berechtigt, und eine stärkere Anbindung der Schulen an lokale, basis-demokratische Kontrolle wäre im Sinne eines Herrschaftsabbaus wünschenswert.
ANDERERSEITS wäre es möglich – und in Pädagogen-Kreisen ist es verbreiteter –, den Protest der Eltern gegen die Abschaffung der Zensuren in umgekehrter Weise als Argument zur Abwehr von Regionalisierung auszuwerten: Wenn die Schulen eigenverantwortlich handeln könnten, wäre es dann überhaupt noch denkbar, dass sie Pädagogisch-Sinnvolles auch mal gegen uneinsichtige Eltern durchsetzen könnten? Die lokal kontrollierten Schulen wären – lautet ein typischer Einwand von Pädagogen gegen Dezentralisierung – zwar autonom mit Hinblick auf die Verwaltungshierarchie, dafür jedoch abhängig von den örtlichen Machtverhältnissen.
Ein Einwand, der mir emotional betrachtet durchaus naheliegt: Hätte ich die Wahl gehabt, wäre mir für meine Kinder eine Schule ohne Zensuren lieber gewesen. Müsste ich da-

rum nicht folgerichtig in dem Interesse meiner Kinder einer zentralen, von der reaktionären Basis »autonomen« Schule das Wort reden? Doch halt – ich würde in diesem Falle zwar eine Wahlfreiheit für mich beanspruchen, sie aber für Eltern mit einer anderen Auffassung verneinen. (Übrigens, wenn ich wirklich die freie Wahl gehabt hätte, würde ich gar keine Schule vorgezogen haben. Denn Schule benötigt, um ihre repressive Kraft zu entfalten, keine Zensuren.)
Das etatistische Argument, zentrale Schulverwaltung könne emanzipatorischen Charakter in der Auseinandersetzung mit hinterwäldlerischen Eltern bekommen, ist ebenso falsch wie der Protest der Eltern: Beide Seiten wollen eine Struktur, die für *alle* verbindlich sei. Beide Seiten reklamieren für sich eine Autonomie in dem Sinne, die eigenen Vorstellungen der jeweils anderen Seite unter Absehung von deren Wünschen *aufzwingen* zu können.
Der Streit um die Abschaffung der Grundschul-Zensuren lässt für den, der sich in kritischer Distanz weigert, vorschnell »Partei zu ergreifen«, eine allgemeine Einsicht über das Verhältnis von der Staatsschule zur Autonomie deutlich werden: Im Rahmen der institutionellen Struktur der Staatsschule – Annahmezwang und Monopolschutz – bedeutet Autonomie, dass die unabhängig gestellten Personen *über* andere Personen entscheiden können, also unabhängig von deren Votum. Noch grundsätzlicher: Unter der Bedingung von Herrschaft ist Autonomie eine ungleichmäßige Machtverteilung.
Herrschaftlich eingesetzte Autonomie ist nicht nur in der Organisation des Bildungswesens enthalten, sondern überlagert auch den pädagogischen Alltag in der Schule.
Ich erinnere mich, dass während meiner Oberschülerzeit* es

* Einblicke in das Jahr 1974 gebe ich in: Stefan Blankertz, *Die Literatte*, Roman, Berlin 2011.

ein wichtiges Instrument in der Auseinandersetzung mit den Lehrern darstellte, ihnen nachzuweisen, dass sie gegen den Lehrplan verstießen. Dabei war es nicht etwa so, dass wir Unterrichtsbeamte gewollt hätten, die vorgeschriebenen Stoff stur herunterspulten. Die einzige erfolgversprechende Strategie, gegen die Willkür eines Lehrers aufzubegehren, bestand darin, mit der übergeordneten, der anonymen Macht der Verwaltung zu paktieren. Diese »legalistisch« genannte Strategie war in den 1970er Jahren kennzeichnend für einen großen Teil der Schülerbewegung. Ich erkläre mir den Hang zur legalistischen Strategie damit, dass sich die Schüler in einer Institution befinden, die aufgrund von Berechtigungswesen und Monopolschutz wenig Alternativen offen lässt. Selber ihrer Autonomie beraubt, entwickeln sie Hass auf jede noch so kleine Autonomie der Lehrer.

Die legalistische Strategie führte zu einer Begrenzung der Lehrer-Autonomie und mündete in pädagogisch unsinniger Verrechtlichung des Schulalltags – ein unausweichliches Ergebnis in einer Situation, in der Autonomie vergrößerte Herrschafts- und Willkürchancen bezeichnet.

2. In den 1970er Jahren startete die Bundesregierung der USA in einem kalifornischen Schuldistrikt ein Experiment mit Bildungsgutscheinen, geplant und durchgeführt von einer eigenartigen Koalition konservativer Ökonomen und progressiver Schulkritiker. Einfaches Prinzip des Bildungsgutscheins: Anstatt Schulen Geld zu geben, erhielten Eltern einen Gutschein, den sie bei einer Schule ihrer Wahl einlösen konnten. – Der Gedanke hinter dem Prinzip lautete, durch Konkurrenz sollten Qualitätssteigerungen veranlasst, pädagogische Innovationen ermöglicht sowie die Unterrichtsangebote den Bedürfnissen der Schüler und Eltern angepasst werden.

Das erste, was die Lehrer – bzw. ihre Interessenvertreter –

im Distrikt beschlossen, waren jedoch folgende zwei zusätzliche Regelungen: Erstens sollte keine Schule in irgendeiner Weise durch Informationen auf sich aufmerksam machen oder werben und zweitens sollte keine Schule aufgrund von Schülerandrang expandieren – vielmehr mussten die überzähligen Schüler an die anderen Schulen des Distriktes verwiesen werden. Zu Beginn des Experiments war nicht einmal die Gründung neuer Schulen gestattet. (Ich brauche wohl kaum näher darauf einzugehen, dass diese Regelungen ausreichten, um den eigentlichen Sinn des Experiments fast völlig zu hintertreiben.)
Zum Hintergrund der Vereitelung des Experiments mit Gutscheinen durch die Lehrer-Lobby muss man sich vor Augen halten, dass das US-Bildungswesen trotz durchgängig staatlicher Verfasstheit von starker regionaler und schulischer Autonomie gekennzeichnet ist. Die Schulen werden eher indirekt durch Zuteilung und Verweigerung der öffentlichen Geldmittel als durch direkte Maßnahmen der Verwaltung gesteuert. Gegen die beschriebenen Regelungen konnte darum nichts unternommen werden. Vorhandene Herrschafts-Autonomie wurde in diesem Falle gegen die Ausweitung der Autonomie an jenem Punkt eingesetzt, an welchem Autonomie die Herrschaftsposition gefährdet hätte.
3. Das englische »Summerhill«-Internat des legendären A.S. Neill, Archetyp des neueren schulkritischen Experiments, war ohne Frage in einer Weise autonom, wie es selbst durch weitreichende Reformen die öffentliche Schule kaum zu werden vermag. Doch dieser autonome Neill, der eine wesentliche Ursache für die Übel der Welt im Allgemeinen und der Schule im Besonderen in der Unterdrückung der Sexualität sah, untersagte selbst noch in den 1960er Jahren Sexualität in Summerhill – seine Begründung lautete, die Schule werde andernfalls von der Polizei geschlossen. So

sehr leuchtete diese Begründung allen ein, dass die Schülerversammlung, demokratische Regelinstanz der Schule, sie akzeptierte und für die Einhaltung des Sex-Verbots sorgte. Welch aberwitzige Konstellation: Ein Exponent sexueller Befreiung schafft eine Schule, die, obgleich »autonom«, Sexualität noch effektiver unterdrückt als andere englische Institutionen!

Effektiver? Ja, das wage ich zu behaupten. Mein geistiger Mentor, Paul Goodman, *enfant terrible* der Pädagogik, berichtete mehrfach, dass sein offenes Eintreten für den pädagogischen Eros ihm in den 1940er und 1950er Jahren mehr Schwierigkeiten in progressiven Institutionen einbrachte als in konservativen. Er vermutete, dass verunsicherte Progressive stärker zu Puritanismus neigten, während die Selbstsicherheit der Konservativen es ihnen erlaube, manches als »privat« Eingestufte gar nicht erst wahrzunehmen.[27] Die repressive Verunsicherung mag zustande kommen, indem die Betreiber progressiver Einrichtungen sich mehr oder weniger berechtigt von den Staatsorganen bedroht sehen und bestrebt sind, alles auszuschalten, was der organisierten Macht Anlass geben könnte, die Einrichtung anzugreifen oder zu schließen. Damit aber kann der Staat jede *beliebige* Norm, die ihm wichtig ist, in die »autonome« Einrichtung tragen – sofern die Norm mit hinreichender Strafdrohung ausgestattet wird.

Ein Lehrer, der wie Goodman meint, es sei sowohl moralisch als auch erzieherisch richtig, den Eros des pädagogischen Verhältnisses auszuleben, bedroht die Existenz der freien Schule, wenn die staatlichen Gesetze jenes verbieten. Darum wird sein Handeln nicht mehr als Protest gegen das falsche Gesetz eingeschätzt, sondern als »Nestbeschmutzung«. In einer traditionellen Schule dagegen hat ein »platonischer«

27 *The Politics of Being Queer* (1969), dt. in: *Einmischung* (Anm. 21), S. 40.

Lehrer wenigstens die vage Chance, als ein »von denen da oben« Verfolgter in den Genuss der Solidarität der Kollegen zu kommen.

Das Verhältnis zwischen Autonomie der Gruppe und Autonomie des Individuums gestaltet sich durchaus schwierig. Wird die Autonomie der Gruppe gestärkt, übersetzt sich das nicht umstandslos in größere individuelle Autonomie. Oft tritt das Gegenteil ein, und die autonome Gruppe unterdrückt ihre Mitglieder. Dann wendet sich das Individuum von der Gruppe ab und sucht Zuflucht in Systemen, die letztlich das Ende der Autonomie sowohl der Gruppe als auch des Individuums herbeiführen.

In die gleiche Richtung weist übrigens auch der erwähnte, oft zu beobachtende Hass der Schüler auf die Auslegungsfreiheiten der Lehrer. Die Schüler erfahren Eigenmächtigkeiten des Lehrers stets als Willkür. Die Begrenzung dieser Willkür jedoch führt nicht zu einem interessanteren, vielmehr zu einem bürokratisierten Unterricht.

Autonome Institutionen können aufgrund ihrer Verletzbarkeit durch die Instanzen der organisierten Gesellschaft erpresst werden. Um die Autonomie nicht aufs Spiel zu setzen, werden Normen, die mit Strafandrohung abgesichert sind, in eigener Regie effektiv durchgesetzt. In der Perspektive der Sozialtechnik bietet diese Art der Durchsetzung von Normen den Vorteil, dass die Unterdrückten selber das Geschäft der Unterdrückung besorgen und damit die wahre Instanz der Repression, den Staat, von Rechtfertigungszwang entlasten.

Es macht die Idee gleichwohl nicht hinfällig, dass die Autonomie sich als Herrschaftsinstrument einsetzen lässt und Inseln der Erpressbarkeit schafft. Die Kritik an herrschaftlicher Entstellung der Autonomie bezieht ihren Maßstab aus dem Wert der Autonomie.

Auf der einen Seite steht die pädagogische Einsicht der Schulkritik, dass es unmöglich ist, ohne Autonomie überhaupt Unterricht zu halten. Ein Lehrer, der nicht hinter den Inhalten und Methoden des Unterrichts steht, wird zum Vollstrecker degradiert. Zweifellos enthält die pädagogisch notwendige Autonomie auch subjektive Festlegungen: Ob ein Lehrer die Buchstaben- oder Ganzwortmethode zum Lesenlernen anwendet, ob er die Schüler über Shakespeare oder Chandler an die Literatur heranführt, ob er die Kinder auf Stühlen sitzen oder durch den Wald toben lässt – dies sind keine Entscheidungen, die aus vernünftigen Prinzipien der Pädagogik »letztgültig« abgeleitet werden könnten. Gleichwohl wird, denke ich, niemand im Ernst annehmen, jemand könne sinnvoll unterrichten, der etwa überzeugter Anhänger der Ganzwortmethode ist, jedoch per Erlass verdammt wird, nach der Buchstabenmethode vorzugehen. Das ist die eine, pädagogische Seite. Auf der anderen Seite steht die soziologische Einsicht der Staatskritik, dass Autonomie des Lehrers dann zur Herrschafts-Lizenz verkommt, wenn seine – teils unvermeidlicherweise – subjektiven Entscheidungen den Betroffenen aufgezwungen werden.

Aufzwingen ist in mehrfacher Hinsicht auch pädagogisch bedenklich:

1. Ein Schüler, der den Inhalt oder die Methode des Unterrichts oder bereits die Tatsache, dass er genötigt wird, im Unterricht zu sitzen, ablehnt, wird nicht gut lernen. Seine Kraft und seine Zeit werden verschwendet.

2. Unwillige Schüler machen es notwendig, im Unterricht disziplinarische Mittel einzusetzen, die das pädagogische Konzept durchkreuzen und die Lerngeschwindigkeit der Schüler, die den Unterricht wünschen, bremsen. Dergestalt werden Kraft und Zeit des Lehrers sowie der Schulwilligen vergeudet.

3. Schließlich können Menschen, denen die Autonomie verweigert wird, und seien es junge Menschen, schwerlich zur Autonomie heranwachsen.

Das, was auf der Ebene des pädagogischen Alltags gilt, gilt verstärkt auf der Ebene der Bildungsorganisation. Dass es etwa anthroposophische Schulen gibt, stört mich solange nicht, wie nicht meine Kinder gezwungen werden, in eine solche Schule zu gehen. Wenn andererseits Anthroposophie zur allgemeinen Methode erhoben werden sollte, würde die Gegenwehr von mir und allen anderen, die diese Methode nicht schätzen, zu einer Verwässerung führen, so dass am Ende weder die Anthroposophen noch ihre Gegner mit dem Ergebnis zufrieden wären.

Autonomie verkehrt sich ins Gegenteil, wenn sie nicht in einem Kontext von Freiwilligkeit eingebettet ist. Freiwilligkeit wäre die Bedingung für jede Schulreform, die etwas anderes sein wollte als Sozialtechnik. Eine Reform, die der Problematik der Autonomie Rechnung tragen soll, könnte nicht »von oben« her das gesamte Schulsystem umstrukturieren. Versuche, Veränderungen *flächendeckend* durchzuführen, enden in Bürokratisierung, in Verwässerung durch irgendwelche Kompromisse und in dem Gefühl vieler Menschen, einem Innovationsterror ausgesetzt zu sein. Veränderungen müssten denen ermöglicht werden, die verändern wollen. Und Veränderungen dürften nur diejenigen betreffen, die Veränderungen wünschen. Oder andersherum: Niemandem sollte Veranlassung gegeben werden, mit Ressentiment oder Abwehr gegen Veränderungen vorzugehen, aus Furcht, dem eigenen Willen entgegen ihnen unterworfen zu werden. Mit einer solchen Regel erwerben sich die, die verändern wollen, im Gegenzug das Recht, für sich selber alles das zu schaffen, was sie anstreben – und zwar so radikal und konsequent, wie sie es für nötig und wünschenswert halten.

Das Kriterium, mit dem jede konkrete Reform zu bewerten wäre, bestünde demnach in der Frage, ob *Freiwilligkeit* die Grundlage ihrer Realisierung sei.
Die politischen Widerstände gegen die Reform zur Autonomie sind größer als bei jeder anderen Reform: Denn eine solche Reform würde, obwohl und gerade *weil* auf strikter Freiwilligkeit sie beruhte, unmittelbar die Mechanismen der sozialen Steuerung und damit die Grundlage der staatlichen Herrschaft angreifen. Schulreformen durchzuführen, die Methoden, Inhalte und Organisationsformen des Bildungswesens verändern, kann und muss der Staat bereit sich zeigen, sollen nicht schwere Krisen in seiner Legitimation heraufbeschworen werden. Die Struktur des Schulsystems als gesamtgesellschaftlicher Institution mit Monopolschutz und Annahmezwang steht demgegenüber nicht kampflos zur Disposition.
Ein revolutionärer Lernprozess der Autonomie wäre notwendig. Wir sollten uns dieser schmerzhaften Erfahrung stellen. Denn dem eigenen Verstand nicht zu folgen, *das* ist Gotteslästerung.

[5] Zur gängigen Definition eines »zivilisierten«, auf sozialen Ausgleich bedachten Staates gehört unbedingt die öffentliche Schule. Dass die öffentliche Schule auf die Gesellschaft faktisch eine sozial ausgleichende Wirkung ausübe, ist allerdings eine gleichermaßen hartnäckig vorgebrachte wie unhaltbare Behauptung. Meines Wissens hat niemand sie bislang empirisch oder wenigstens theoretisch untermauern können. Im Begriff der Gleichheit, den die Behauptung, Schule wirke sozial ausgleichend, enthält, drückt sich das auf Auslese gerichtete, hierarchische, steuernde, kurz, das sozialtechnische Interesse des Staates aus.
Unterstellen wir einmal, die Schule würde sich der Auslese-

Funktion verweigern. Was würde passieren? Wir brauchen keinen Konjunktiv. Es *ist* passiert. In der Zeit der Bildungsexpansion der 1970er Jahre hat die Schule erheblich mehr Abiturienten produziert, als akademische Berufe der freien Wahl zur Verfügung standen. Selbstverständlich war nicht die völlige Gleichheit verwirklicht, denn noch waren nicht alle Jugendlichen zum Abitur geführt worden. Aber diese historische Situation ist soetwas wie eine »Generalprobe« des Ziels der gleichen Schulbildung für alle.

Nehmen wir als Beispiel die Zahnärzte. Ein prestigereicher Beruf mit hohem Einkommen, bei dem der Zugang neben der Neigung von der Zahl der Abiturienten reguliert wurde. Als die Zahl der Abiturienten sich schlagartig erhöhte, um damit der angeblichen »Bildungskatastrophe« entgegenzuwirken, drängten viele in den Studiengang der Zahnärzte. Dies hatte die zwangsläufige Folge, dass sich ein höherer Quotient an Zahnärzten je Einwohner ergab und das Einkommen der Zahnärzte zu sinken drohte. Hätte ein freier Arbeitsmarkt bestanden, wäre das Einkommen der Zahnärzte tatsächlich gesunken und zwar so weit, bis sich keine weiteren Personen mehr von diesem Beruf hätten angezogen gefühlt. Ökonomisch ausgedrückt wäre man zum Gleichgewicht zwischen den Faktoren der Nachfrage, der Neigung und des Einkommens gelangt.

Wäre.

In Wirklichkeit wurde ein neuer Mechanismus der Auslese gefunden: die Zulassung zu den begehrten Studiengängen nach der Abitur-Durchschnittsnote, der *numerus clausus.* Obwohl diese Maßnahme nichts als ein Oligopolschutz für die bereits niedergelassenen Zahnärzte auf Kosten der nachdrängenden Generation von Zahnärzten und auf Kosten der Bevölkerung war, die Zahnarztleistungen in Anspruch nehmen musste (oder wollte), begründete man sie zumeist ganz anders: Man sagte, es seien nicht genügend öffentliche Mittel vorhanden, um allen, die Zahnärzte werden wollten, einen Studienplatz zu gewähren.

Mit zunehmendem Wegfall der Auslese durch die »Herkunft« und den »Bildungsstand« folgt die Berufswahl auf einem freien Arbeitsmarkt dem individuell herzustellenden Gleichgewicht zwischen Neigung, Leistungsfähigkeit und -bereitschaft sowie den monetären Einkommens-Chancen. In der Tendenz heißt dies, dass das monetäre Einkommen umgekehrt proportional zu der psychischen Befriedigung stehen muss, die die Arbeit zu geben in der Lage ist. Berufe, die wegen ihrer inneren Qualitäten begehrt sind, werden, wenn keine außersachlichen Zugangsschranken vorhanden sind, von so vielen Personen ergriffen, bis die Konkurrenz der Arbeitskräfte das Einkommen so weit senkt, dass für weniger kein dafür Qualifizierter mehr arbeiten will. Es wird Ausnahmen von der Regel geben, nämlich »Stars«, die unabhängig von Leistungsfähigkeit und Leistungsbereitschaft aufgrund ihrer Persönlichkeit Einkommen erzielen. Für die Berufe, denen die Stars entstammen, gilt die Regel jedoch schon heute: Ein Schauspieler, Musiker, Schriftsteller oder bildender Künstler bezieht im Normalfall ein unterdurchschnittliches Einkommen. In den USA ist bei akademischen Berufen dies auch zu beobachten. Lehrer und Forscher gehören zu der Gruppe der eher schlecht bezahlten Personen, sofern sie keine Stars sind.

Anspruch auf Koppelung angenehmer Beschäftigung mit großem Einkommen entspringt ständischem Denken. Niemand wird es im Ernst gerecht finden können, dass in sich selber befriedigende Arbeit viel, stupide Maloche jedoch wenig Geld bringt, es sei denn, man ginge von dem Recht der höheren Geburt aus. Vor allem kann niemand eine solche Koppelung auf dem Markt durchsetzen. Dies kann nur eine

vorgeschaltete, »außersachliche« Auslese erreichen, die am Markt vorbei in Zwangsinstitutionen verankert ist. Der Markt reagiert auf Nachfrage handelnder Individuen. Nicht bloß die Berufe, die eine innere Befriedigung versprechen, würden nachgefragt, sondern auch die Voraussetzungen, das heißt diejenigen Ausbildungen, die für die Ausübung der entsprechenden Berufe qualifizieren.
Die öffentlichen Bildungsinstitutionen gehören zu genau den Zwangsinstrumenten, um die außersachliche Auslese zu leisten. Die Funktion der außersachlichen Auslese wurzelt in dem ökonomischen Prinzip der Finanzierung aus dem Staatshaushalt, dem politischen Prinzip der Berufszugangsregeln und dem pädagogischen Prinzip der Schulpflicht.
Die öffentliche Finanzierung der Schule bedeutet, dass alle Menschen über die Steuern die Ausbildung derjenigen bezahlen, die später höhere Einkommens-Chancen realisieren. Der 20jährige Arbeiter finanziert den 20jährigen Studenten der Zahnmedizin. Außerdem bezahlt er mit 35 über die Krankenkassenbeiträge die hohen Rechnungen des zum Zahnarzt gewordenen 35jährigen ehemaligen Studenten. Mehr Studienplätze zur Verfügung zu stellen, damit die Zahnarzthonorare sinken, bedeutet höhere Staatsausgaben und damit höhere Steuern. Schon aus diesem Grund wird sich der Arbeiter bzw. seine politische Vertretung der Ausweitung des Studienplatzangebots widersetzen.
Es kommen noch Berufszugangsregeln hinzu. Zwar werden die Zugangsregeln mit dem Schutz der Bevölkerung vor Quacksalbern begründet, jedoch bringt es die wirkliche Bedeutung ans Licht, wenn für das Einkommensniveau bedrohlich viele Personen den Berufszugang erhalten: Dann wird eine Zugangsbegrenzung verlangt, um den angeblichen Besitzstand zu sichern. Tritt das vergrößerte Studienplatzangebot weiters in Kombination mit verschärften Berufs-

zugangsregeln gemeinsam auf, wie dies in der bestehenden nicht-marktwirtschaftlichen, politisch verherrschten Gesellschaft zu erwarten war und wie es der Realität entsprach, entsteht das vielbeschworene Akademikerproletariat. Der 20jährige Arbeiter finanzierte dann eventuell nicht nur den Studiengang des 20jährigen Zahnmediziners, sondern auch später sein Arbeitslosen- und Umschulungsgeld. Es bedarf keiner anti-intellektualistischen Gefühle, um als skandalös und ungerecht dies anzusehen. Einfach können politische Verführer des Establishments nun die Forderung nach verschärfter Auslese daraus ableiten. Diese Forderung verweist zurück auf die Schule und ihr »pädagogisches« Prinzip der Schulpflicht.

Denn zur Auslese taugt die Schule nur, sofern sie den Zugang zum Beruf monopolisiert. Diese Monopolisierung geschieht direkt über die Schulpflicht bzw. indirekt darüber, dass nur schulische oder universitäre Qualifikationen eine Zugangsrelevanz besitzen.

Die einfachste Form, die schulische Auslesefunktion zurückzugewinnen, besteht darin, das 3gliedrige Schulsystem zu stärken. Diese Strategie wird von Bildungspolitikern favorisiert, die als konservativ bezeichnet werden, jedoch ziemlich krude, gar nicht konservative Sozialtechniker sind. Krude sind sie darum, weil ihre fortschrittlichen feindlichen Brüder ein differenzierteres Instrumentarium entwickelt haben, das sie sogar »Chancengleichheit« nennen dürfen: Es werden die gleichen Abschlüsse vermittelt, die Berufszugänge jedoch werden über den Notenschlüssel vergeben. Die Notengebung folgt, soziologisch gesehen, dem Gesetz des kulturellen Kapitals: Bevorzugt wird als erstes angepasstes Verhalten vor eigenständigen Problemlösungen, als zweites theoretisches vor manuellem Geschick.

Aus solchen Bevorzugungen entstehen nun vier Klassen: Die

oberste Spitze bilden theoretisch Geschickte mit einem angepassten Verhalten. Ihnen folgen manuell Geschickte mit einem angepassten Verhalten. Dann kommen theoretisch Geschickte mit nicht-angepasstem Verhalten. Und ganz am Schluss stehen manuell Geschickte mit nicht-angepasstem Verhalten.

In der weiteren Verfeinerung des Instrumentariums bedarf es vielleicht nicht einmal mehr der Notengebung, um dieses Vier-Klassen-System der Schule aufrecht zu erhalten. Denn schließlich reicht es, dass die Schule z. B. den manuell Geschickten die pure Zeit stiehlt, die sie nutzen könnten, sich außerschulisch zu qualifizieren.

Die Schule wird ihrer Auslesefunktion unter gegenwärtigen sozioökonomischen Bedingungen um so besser gerecht, je »gleicher« sie die Schüler behandelt. Insofern kann ein monopolisiertes Schulsystem nicht dem sozialen Ausgleich dienen.

USA, 2. Quartal des 19. Jahrhunderts. Viele katholische Iren strömten ins Land. Sie nahmen das gleiche Recht wie die etablierten protestantischen Gruppen der Einheimischen in Anspruch und gründeten ihre eigenen privaten Schulen. Das wollte die protestantische Mehrheit nicht dulden, und sie folgte den Schulreformern, die schon seit längerem für eine öffentliche Finanzierung von Staatsschulen eintraten. Der Trick war einfach: Indem staatliche Schulen, beherrscht von der protestantischen Mehrheit, mittels Steuern finanziert wurden, bezahlten die Iren »automatisch« die staatlichen Schulen durch ihre Steuern. Hätten sie an ihren eigenen Schulen festhalten wollen, wären sie gezwungen gewesen, gleichsam doppelt zu bezahlen. Dies ließ ihr durchschnittlich eher geringes Einkommen nicht zu. Die Maßnahme, Schulen öffentlich zu finanzieren, stand also nicht im Dienst der »egalitären« Entlastung sozial schwacher Haushalte,

sondern im Dienst der Auslese, diesen Haushalten die Wahl genau desjenigen Bildungswegs zu verschließen, der ihnen geeignet erschien.
Preußen, Mitte des 19. Jahrhunderts. Preußische Gymnasien waren zwar staatlich, finanzierten sich aber über das Schulgeld selber. Weit entfernt davon, im Dienst der sozialen Auslese zu stehen, zwang das Schulgeld die Gymnasien, ohne Diskriminierung jeden aufzunehmen, der bereit war, zu bezahlen. Arbeiter, Bauern und Handwerker schickten ihre Kinder wenigstens für ein paar Jahre aufs Gymnasium, wo sie einträchtig neben den Bürgerlichen und Adligen allgemeine Bildung mehr oder weniger im Sinne Humboldts vermittelt bekamen. Es war die reaktionäre Strategie, das Schulgeld abzuschaffen und die öffentliche Finanzierung einzuführen, um es den Gymnasien zu ermöglichen, Kinder aus den niederen sozialen Schichten ablehnen zu können, ohne den eigenen Bestand zu gefährden.
Die beiden Beispiele zeigen in gewisser Weise einander ganz entgegengesetzte Tendenzen: In den USA vereinheitlichte man ein vielgestaltiges Schulwesen. In Preußen dagegen brach man die Quasi-Einheitsschule auf zugunsten der Dreigliedrigkeit. In beiden Fällen ist es jedoch eine Tendenz, die den verstärkten gesellschaftlichen Auslese- und Vereinheitlichungsinteressen folgte. Dass sich diese Interessen in jeweils anderen Strukturen ausdrückten, versteht sich durch die Unterschiedlichkeit der Sozialsysteme. Entscheidend ist jedoch der Aspekt, dass in beiden Fällen das Instrument der öffentlichen Finanzierung dazu eingesetzt wurde, um einen anti-egalitären, selektiven Schultyp auf dem Bildungsmarkt gegen seine Konkurrenten durchzusetzen.
Bildung wurde von den unteren Schichten selber finanziert und oft selber organisiert. Die Verstaatlichung nahm diesen Schichten die Selbstbestimmung ihrer Bildung, entlastete

sie jedoch nicht von den Kosten. Die Kosten wurden und werden über diejenigen beglichen, die Steuern zahlen. Mit ihren Steuern finanzieren die unteren Schichten schließlich nicht nur die eigene Ausbildung, sondern obendrein die von denen, die mehr Bildungsinstitutionen in Anspruch nehmen als sie selber. Scheinkostenlosigkeit *qua* Steuerfinanzierung ist eins der erfolgreichsten Instrumente der Bildungspolitik, Ungleichheit zu erhalten und sogar zu erzeugen.

Gleichheit realisiert nicht sich in einem Schulwesen, das alle Kinder und Jugendlichen demselben Bildungsweg unterwirft. Eine solche Gleichheit des Bildungswegs bevorzugt solche Personen, denen aufgrund von Neigung, Begabung, Sozialisation und Berufswunsch dieser Weg angemessen und nützlich ist. Politiker, die als konservativ bezeichnet werden, versuchen, dem sozialistischen Einheitsschulwesen als Alternative die Dreigliedrigkeit gegenüberzustellen. Das dreigliedrige System ist in Wirklichkeit nicht weniger einheitlich als die Gesamtschule. Es ist geradezu zynisch, dieses dem Kastendenken entsprungene System als konservativ, der individuellen Unterschiedlichkeit Rechnung tragend und Wahlfreiheit bietend anzupreisen. Ein sinnvoller Begriff der Gleichheit kann sich bezogen auf die Bildung nur durch den Markt ausdrücken: Jeder besitze die gleiche Freiheit, Bildungs-Chancen zu schaffen und vorhandene Bildungs-Chancen zu ergreifen, ohne die Ideen, Bedürfnisse und Wünsche anderer verwirklichen oder mitfinanzieren zu müssen. Sobald Zwang eingeführt wird, sei es der Zwang, bestimmte »Bildungsleistungen« abzunehmen, sei es der Zwang, sie zu finanzieren, wird eine Ungleichheit zwischen denen hergestellt, die entscheiden dürfen, welche Bildungsleistungen das sind, und denjenigen, die die Entscheidungen akzeptieren müssen, egal ob sie ihnen angemessen sind oder nicht.

Beverly, MA, USA 1860: Plebiszit über die Abschaffung (»contra«) oder Beibehaltung (»pro«) der öffentlichen Highschool, die 1858 in Erfüllung eines Landesgesetzes eröffnet wurde. 249 = 64 % stimmten »contra«, 143 = 36 % stimmten »pro«.

Während die Zeitungen über die Verfechter »pro« Beibehaltung der Highschool lokal, regional und überregional berichten, gibt es *keine* schriftlich dokumentierte Positionserklärung der Wahlgewinner. Die Wahl fand, dem ursprünglichen Bürgerstolz der US-Amerikaner entsprechend öffentlich und namentlich statt. Der marxistische Bildungskritiker Michael Katz hat eine minutiöse Studie über die soziale Zusammensetzung der Wählerschaft und ihr Wahlverhalten vorgelegt.[28] Er geht davon aus, dass das Wahlverhalten nicht beliebig sei, sondern sich in ihm sinnvolle ökonomische, soziale und kulturelle Interessen bzw. Werte ausdrücken. Das Ergebnis: Die obere Mittel- und Oberschicht stimmen *für* die Beibehaltung der öffentlichen Highschool, die Unterschicht, untere Mittelschicht und Farmer stimmen *dagegen* – denn ihre Kinder besuchen die Highschool sowieso nicht, aber sofern sie öffentlich ist, müssen sie sie über die Steuern mitfinanzieren. Auf diese Weise illustriert Katz die Umkehrung der Standardthese zur Verteidigung der Steuerfinanzierung von Schule, die behauptet, damit würde sozialer Ausgleich gewährt. Wird er nicht. Die Steuerfinanzierung von Schule ist Umverteilung von unten nach oben, also Ausbeutung der Armen.

Die Leute müssen die Verfügung über das ihnen enteignete Kapital, das sie in (un)sozialen Ausgleich, Sicherheit und Bildung investieren, wiedererlangen. Nicht nur die Theorie, auch die Erfahrungen mit realisierten »Privatisierungen« legen eine solche Schlussfolgerung nahe. Wenn der Staat die

28 Michael Katz, *The Irony of Early School Reform* (1968), New York 2001.

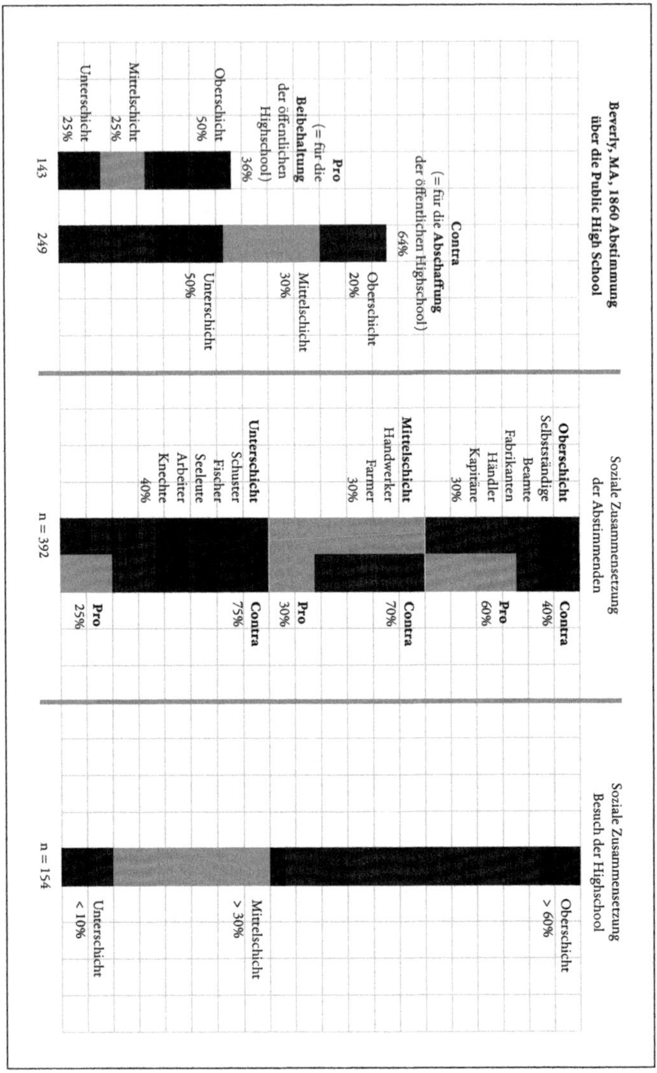

Daten: Katz (1968), Aufbereitung: Stefan Blankertz.

Mittel für die gesellschaftlichen Investitionen zuerst mit Beschlag belegt und dann wieder an die Bevölkerung verteilt, so ist das ein immer willkommener Anlass, die Bürokratie auszuweiten und bevormundende Regeln der Verausgabung aufzustellen.

Auch ist es nicht sehr sinnvoll, sich eine marktwirtschaftliche Reform des Sozialstaates vorzustellen, ohne dass auch andere gesellschaftliche Bereiche, namentlich der Arbeitsmarkt, liberalisiert würden – berufsständische Interessen wirken zurück auf die übrigen Bereiche. Ich bleibe dabei: Die Sache der Gleichheit und der Freiheit ist Sache des subversiven Kapitalismus.

[6] Bildung ist nach wie vor (k)ein trivialer Fall für die »Vereinheitlichung«. Die Festigung der Nationalstaaten im 19. Jahrhundert hatte neben dem militärischen Aspekt die Herausbildung der nationalen Währungen für die Kontrolle über die Wirtschaft und nationaler Bildungssysteme für die Kontrolle über die kulturelle Identität und die Verteilung sozialer Privilegien nötig. Ganz klar ist, dass die Entstehung einer europäischen Militärstruktur, einer europäischen Währung und eines europäischen Bildungssystems für die Nationalstaaten die Selbstaufgabe bedeutet. Das macht den Weg dahin einerseits schwierig, andererseits für die, die die »Nation Europa« wollen, unabdingbar.

Das Schema der Vereinheitlichung habe ich als Jugendlicher bereits *in nuce* miterlebt in dieser angeblich »föderativen« Bundesrepublik Deutschland.

In den 1970er Jahren führte die föderative Struktur des Bildungswesens dazu, dass in den SPD-regierten Ländern das Schulsystem vorsichtig reformiert wurde. Es handelte sich zwar eher um eine etwas verspätete Anpassung des deutschen Systems an internationale Standards. Gleichwohl ging das den CDU-geführten Ländern zu weit. So setzen sie das Instrument der »Anerkennung« von Schulabschlüssen ein: Wenn in den SPD-Ländern bestimmte, althergebrachte Fächerkombinationen nicht erfüllt würden, so drohten die CDU-Länder allenthalben, dann würde das dort verliehene Abitur nicht in den CDU-Ländern anerkannt werden. Zum absurden Auswuchs des Streites kam es allerdings, als Anfang der 1980er Jahre Bayern (Hans Maier) selbst Niedersachsen, CDU-geführt (Kultusminister Werner Remmers), die Anerkennung hätte versagen wollen.[29]

Mein Vater, in der Schulreform stark engagiert, zeigte sich tief enttäuscht, dass sozialdemokratische Bildungspolitiker, seine Genossen, in diesem Streit nicht etwa die Möglichkeit verteidigten, *unterschiedliche* Wege und Formen im Schulsystem zu haben, sondern für die Bewahrung der Einheitlichkeit bereit waren, jeden faulen Kompromiss einzugehen. Er unterstellte damit der Sozialdemokratie allerdings freiheitliche Ideale, die sie nie wirklich verstehen konnte. Für die von ihm entworfene Kollegschule wünschte er sich, dass nur solche Schüler dorthin gehen würden, die diese Schulform gewählt hatten, und dass nur solche Lehrer dort unterrichteten, die dort unterrichten wollten. Diese Bedingung zu akzeptieren, war für die sozialdemokratische Bürokratie unmöglich. Einheitlichkeit ist ihr zentrales Anliegen. Nach kurzer Zeit spielten die SPD-Länder das Spiel der CDU mit und verweigerten beispielsweise bestimmten Abiturformen des baden-württembergischen »zweiten Bildungswegs« die Anerkennung.

Muss das Schulsystem eine nationale Einheit darstellen, sei es die deutsche oder die europäische Nation? Üblich ist es,

29 Vgl. Der Spiegel 16/1981, S. 110. Die Geschichte der niedersächsischen Abiturientin, die wegen eines fehlendes Kunstkurses nicht in München Mathematik studieren sollte – sie stand früher an dieser Stelle in der Argu-

von Einheitlichkeit als Normalfall auszugehen, dergegenüber das Recht auf Differenz als Ausnahme zu rechtfertigen wäre. Auf diese Weise kommt zustande, dass die Macher der Einheitlichkeit bloß sehr selten in die Verlegenheit gebracht werden, ihr Tun *begründen* zu müssen.

Stellen wir uns für einen Moment vor, die Vereinheitlicher wären bereit, sich der Diskussion zu stellen. Wie könnten sie vorgehen? Zunächst würden sie eine Reihe von Argumenten anführen, die besagen, dass Einheitlichkeit im Schul- und Abschlusssystem sinnvoll und nützlich sei. Gesetzt, diese Argumente wären überzeugend. Daran schlösse sich doch unmittelbar die Frage an: Falls Einheitlichkeit wirklich gut wäre, warum entsteht sie nicht wie ganz selbstverständlich? Kropotkin wies Ende des letzten Jahrhunderts darauf hin, dass die wünschenswerte Einheitlichkeit der Spurbreite bei Eisenbahnen, die ein europäisches Schienennetz möglich machte, ganz ohne übernationale Zentralregierung durch »freie Vereinbarung« zustande gekommen ist.[29a] In gleicher Weise ist heute der MBA-Abschluss in der ganzen Welt als Ausdruck von Management-Tauglichkeit anerkannt, ohne dass es eine Weltbehörde gäbe, die Inhalte, Methoden und Prüfungen zum MBA harmonisiert und kontrolliert.

Die Verfechter eines vereinheitlichten Schulsystems müssen also nicht nur beweisen, dass Einheitlichkeit erstrebenswert ist, sondern darüber hinaus auch noch, dass sie (1.) auf dem Markt nicht zustandekomme, (2.) *dennoch* erstrebenswert sei und (3.) *darum* ggf. gegen den Markt mit Staatsgewalt durchgesetzt werden sollte.

Gehen wir vorläufig weiter davon aus, Einheitlichkeit sei erstrebenswert. Warum kommt sie auf dem Markt nicht

mentation–, ließ sich nicht mehr verifizieren; was nicht bedeutet, dass sie unwahr sei.

29a Peter Kropotkin, *Eroberung des Brotes* (1892), München 1973, S. 197ff.

zustande? Das ist fast eine Scherzfrage. Die Antwort lautet nämlich: Einheitlichkeit der Bildungsabschlüsse kommt auf europäischer Ebene durch den Markt nicht zustande, weil es keinen Markt gibt. Eine Schule kann z. B. kein Europa-Abitur anbieten, ein Schüler kann ein Europa-Abitur nicht nachfragen, eine Firma kann zur Einstellung ein Europa-Abitur nicht voraussetzen, weil das Abitur nationalstaatlich fixiert wird.* Aus der Tatsache, dass Schulabschlüsse heute national unterschiedlich festgelegt *sind*, abzuleiten, künftig *müssten* sie für ganz Europa einheitlich festgelegt werden, ist ein Beispiel für ein sich selber perpetuierendes System. Ein sachliches Argument kommt auf die Weise selbstredend nicht zustande. Dort, wo Einheitlichkeit im Bildungswesen von den Beteiligten – also von Bildungsnachfragern und von Bildungsanbietern – als vorteilhaft angesehen wird, kann sie auf dem Markt durch freiwillige Zusammenschlüsse wie pädagogische Kommissionen oder Prüfungsausschüsse oder auch durch eine freiwillige Bildungs-ISO-Norm sich herausbilden. Dort, wo Diversifikation, Konkurrenz und pädagogisches Experiment gewünscht werden, wird der Markt dies ebenso zulassen. Durchaus gibt es ja auch schon auf dem Markt entstandene übernationale Abschlüsse. Es handelt sich dabei um solche Bildungsbereiche, die aufgrund von der Inflexibilität der staatlichen Systeme deren Regelungswut bislang entgehen konnten. Die Notwendigkeit für eine staatlich-gewaltsame Vereinheitlichung besteht nicht.

»Bildung *kann* nicht marktmäßig vergesellschaftet werden, da es sich um einen Teil der Infrastruktur handelt, die öffentlich zur Verfügung gestellt werden muss.« – Interessant ist, dass die Ökonomie seit ihrer Ablösung von der Philosophie und Selbsternennung zu einer mathematisch-empirischen Disziplin so wenig von der Logik behalten hat.

* Stand 2013.

Denn es gehört doch zur einfachsten Übung der Logik, dass aus einem bloß gleichzeitigen Auftreten zweier Fakten auf keinen Verursachungszusammenhang geschlossen werden darf. Die Tatsache, dass wirtschaftliche Aktivität immer mit Infrastruktur einhergeht, kann nicht beweisen, dass Infrastruktur die *Voraussetzung* oder sogar der Motor von solcher Aktivität sei. Schon zu Zeiten, als die Menschen noch Jäger und Sammler waren, war Herausbildung einer Infrastruktur – das hieß damals der Wege zu den Märkten – fester Bestandteil der wirtschaftlichen Tätigkeit. Man konnte doch nicht warten, bis der noch inexistente Vater Staat die Pfade breitgetrampelt hatte. (Heute verordnen Regierungen der dritten Welt solches Warten, während dessen die Menschen hungern.)

Um zur Bildungsökonomie zu gelangen, ist es zugegebenermaßen ein gewaltiger zeitlicher Sprung. Das Prinzip lautet jedoch gleich: Die schlichte Beobachtung, dass wirtschaftliche Entwicklung mit einem Anstieg des Bildungsniveaus einhergeht, wird in der bildungsökonomischen Standardliteratur gemeinhin als Beweis genommen, durch öffentliche Investitionen in Bildung könne wirtschaftliche Entwicklung herbeigeführt werden. Der Gedanke ist nicht neu. Mitte des 19. Jahrhunderts drängten us-amerikanische Schulreformer wirtschaftlich niedergehenden Gemeinden den Ausbau des öffentlichen Highschool-Angebots als Gegenmaßnahme auf. Ökonomischer Erfolg: Keiner.[30] Preußen leistete hohe Investitionen in das Bildungswesen und schaffte dennoch keinen Anschluss an das Bruttosozialprodukt Englands und Amerikas.

Im 19. Jahrhundert haben das Infrastruktur-Argument jedoch dezidierte Gegner der Marktwirtschaft eingesetzt. Zu den Eigenarten unserer Zeit gehört es, dass heute diejenigen,

30 Vgl. Katz (Anm. 28). Vgl. auch unten S. 126ff.

die am wenigsten Marktwirtschaft realisieren wollen, sie am lautesten im Munde führen. Alle Erfahrungen in der dritten Welt, dass »Investitionen« ins Schulsystem nicht auch nur ein kleines Bisschen zu einer wirtschaftlichen Entwicklung beitragen, helfen nicht, das Infrastruktur-Argument zu erschüttern. Das Infrastruktur-Argument hat nämlich keinen empirischen, eher einen ideologischen Hintergrund: Der Staat bemächtigt mit der Kontrolle über die Infrastruktur sich des Lebens der Menschen und steuert auf diese Weise ihre Entwicklungsmöglichkeiten.

»Bildung *darf* aber nicht marktmäßig zur Verfügung gestellt werden, da es sich um ein Kulturgut handelt, das dem ökonomischen Zwang entzogen werden muss.« – Es gehört zu den alten Träumen aller Lehrer und Künstler, ihrem Beruf frei von Geldsorgen nachgehen zu können. Diesen Status erreichten sie ehedem mit Zuwendungen durch Mäzene. Der moderne Staat hat daraus einklagbares Recht gemacht. Seitdem ist der Schein entstanden, es gäbe eine Kultur, die nicht dem ökonomischen Prozess unterliegt. Dies ist aber keineswegs der Fall. Das Kulturgut der Bildung bleibt stets in dreifacher Weise Teil der Ökonomie, nämlich:

1. in der Hinsicht der Finanzierung, weil sie objektiv nicht kostenlos ist. Lehrer, Gebäude, Verwaltung und Materialien wollen bezahlt werden. Woher kommt das Geld? Da es nicht von den Nutzern der Bildung als eine Gebühr erhoben wird, muss es vorab bereits eingetrieben worden sein. Dies geschieht mit staatlicher Gewalt, mit den Steuern.

2. in der Hinsicht der Investition, weil staatliche Organe die Entscheidung darüber, wieviel in Bildung investiert wird, angesichts alternativer Möglichkeiten der Verwendung der Steuerressourcen fällen. In der Entscheidung über Bildungsinvestitionen spielen die Infrastruktur-Argumente eine ungleich größere Rolle als die kulturellen Erwägungen.

3. in der Hinsicht der Nachfrage, weil die Konsumenten der Bildung oft Karrieregründe für ihre Bildungswahl haben. Würde das Kulturgut-Argument ernst genommen, müssten öffentliche Schulen denen vorbehalten sein, die keinen wirtschaftlichen Nutzen aus dem Unterricht zu ziehen gedenken. Die Absurdität des Gedankenspiels, Schule staatlich so zu organisieren, dass mit ihr weder von der Gesellschaft noch vom Individuum aus gesehen ein wirtschaftlicher Nutzen verbunden ist, zeigt, wie wenig Platz der Gedanke an eine Bildung um ihrer selbst willen im öffentlichen Erziehungswesen haben kann. »Bildung um ihrer selbst willen« kann nur auf Grundlage privater Entscheidung stattfinden. Das Kulturgut-Argument erfüllt die rein ideologische Funktion, die individuellen kulturellen Präferenzen zu unterdrücken zugunsten einer nationalen oder in Zukunft internationalen kulturellen Homogenisierung.

»Bildung *sollte* nicht marktmäßig zur Verfügung gestellt werden, da durch sie Lebenschancen verteilt werden, die nicht vom Einkommen abhängig gemacht werden dürfen.« – Die Aussage, die Schulbildung würde Lebenschancen verteilen, ist in der entwickelten Wirtschaft ganz und gar unbestreitbar. Daraus folgt nicht logisch, Schulbildung sei notwendigermaßen für alle Lebensbereiche unabdingbare Voraussetzung. Denn der Zusammenhang von den Karrieremöglichkeiten und der Schulbildung wird strukturell durchs Berechtigungswesen gegeben. Ein objektiver Zusammenhang zwischen Berufstüchtigkeit und Schulerfolg ist damit in keiner Weise zwingend nachgewiesen. Diese Einsicht erschüttert das Sozialstaats-Argument nachhaltig. Denn erst eine vielleicht sinnlose Hürde vor die Berufsausübung zu stellen in Form einer Zugangsberechtigung und dann den Sozialschwachen Unterstützung zu geben, um diese Hürde nehmen zu können, ist entweder schlichtweg ökonomische

Verschwendung oder böswillige Täuschung: Da man weiß, dass Sozialschwache dazu tendieren, in der Schule erfolglos zu sein, hängt man sich ein soziales Mäntelchen um, indem man ihnen den Schulbesuch finanziert und zugleich sicher geht, dass sie den Aufstieg nicht schaffen werden.
Die Sozialschwachen mussten historisch gesehen nicht auf den Staat warten, um sich Bildung anzueignen. Vielmehr verhält es sich umgekehrt: In der Industrialisierung haben die Arbeiter ihre eigenen Schulen unterhalten, die sie auch selber bezahlten.[31] Der Staat hat ihnen *ihre* Schulen ebenso wie die selbstorganisierten Unterstützungs- und Hilfsfonds genommen und anstelle dessen die öffentlichen Schulen installiert. Dieser Akt hatte keine sozialen Gründe, sondern war allein dazu gedacht, die gesellschaftliche Hierarchie zu festigen. Diese Funktion hat die öffentliche Schule bis heute beibehalten.

[7] Der Anteil privater Bildungsunternehmen ist in den Ländern der europäischen Union unterschiedlich. Diese Unterschiede variieren mit den jeweiligen nationalen Gesetzen, die die Bedingungen definieren, unter denen die privaten Anbieter Bildungsgüter produzieren dürfen. Allerdings ist auch in Ländern mit einem hohen Privatschulanteil wie etwa den Niederlanden das Schulsystem faktisch öffentlich. Die Finanzierung läuft über den öffentlichen Haushalt; Inhalte, Methoden und Abschlüsse werden weitgehend von der öffentlichen Verwaltung vorgegeben.
Neben den direkten Auflagen für Privatschulen verhindern es im Wesentlichen zwei Mechanismen, dass eine private Konkurrenz für das öffentliche Schulwesen entsteht.
Scheinkostenlosigkeit. Der Staat bietet Bildung für den Abnehmer kostenlos an. Er finanziert sie über die Steuern, die

31 E. G. West, *Education and the Industrial Revolution*, London 1975.

auch der Abnehmer bezahlt, jedoch unabhängig davon, wieviel der öffentlichen Bildung er beansprucht. Wer dagegen ein Bildungsgut bei einem Anbieter nachfragt, der nicht in den Genuss von Steuergeldern kommt, zahlt damit doppelt: Er bezahlt über die Steuern das öffentliche Angebot, das er gar nicht wahrnimmt, und er bezahlt den privaten Anbieter über die Schulgebühr. Auf der Hand liegt es, dass diese finanzielle Doppelbelastung nur solche Haushalte eingehen können, die über ein genügend hohes Budget verfügen. Darum entsteht die Vorstellung, als sei die Privatschule bloß etwas für reiche Leute. Mit dem Mechanismus der Scheinkostenlosigkeit verhindert der Staat, dass für eine breite Masse ein privates Bildungsangebot entstehen kann, das nicht bei ihm nachsuchen muss um eine Beteiligung an den Steuermitteln.

Berechtigungswesen. Je mehr Berufe nur mit Vorliegen von staatlichen Zertifikaten ausgeübt werden können, um so weniger frei können private Bildungsangebote entstehen. Wer ein privates Angebot macht, muss auf »Nischen« sich konzentrieren, in denen das Berechtigungswesen noch nicht herrscht, oder den Staat bitten, die geforderten Zertifikate ebenfalls verleihen zu dürfen. So hat der Staat wiederum die Kontrolle über den privaten Bildungsanbieter.

Zu den gepflegten Illusionen unseres *status quo* gehört es, dass in der Demokratie die Machtverteilung relativ gleichmäßig sei. Was immer wir vom Ideal des Mehrheitsprinzips halten, es ist soziologisch unzweifelhaft, dass Minderheiten unsere Politik bestimmen. Die gut ausgebildeten, die erfolgreichen und wohlorganisierten Menschen halten am öffentlichen Bildungssystem fest, weil es *ihnen* nützt. Da es zum guten Ton gehört, seine Eigeninteressen als Allgemeinwohl auszugeben, wird behauptet, die öffentliche Schule sei für die Sozialschwachen da.

Ein geniales Verfahren ist im demokratischen Staat darüber hinaus bestens in der Lage, allen Widerstand zu absorbieren. Da Widerstand mit Organisation verbunden ist, wird der betreffenden Organisation stets das Angebot gemacht, am Entscheidungsprozess mitwirken zu können. Wer auf diese Weise Einfluss gewinnt, hat in der Regel eher die Neigung, diesen Einfluss nutzen zu wollen, als darauf hinzuwirken, die öffentliche Entscheidungsgewalt dem Prinzip nach einzuschränken. Haben zum Beispiel die Grünen zunächst dem Staat das Recht bestritten, für die Einrichtung von Mülldeponien Land zu enteignen, so sind sie mit zunehmendem Einfluss dazu übergegangen, an den Entscheidungen über die Standorte eingebunden sein zu wollen.
Das gleiche Prinzip gilt auch für den Bildungsbereich: Wer etwas an der Schule verändern möchte, würde, wenn er für die Entstaatlichung einträte, ja auch die Freiheit derjenigen Konzeptionen erkämpfen, die ihm gegen den Strich gehen. Viel näher liegt es da doch zu versuchen, Einfluss auf die Verwaltung nehmen zu können, um so das eigene Modell durchzusetzen.

Kritische Pädagogik

Die vorherrschenden pädagogischen Strömungen lassen spätestens mit dem beginnenden 20. Jahrhundert kaum eine eigene Logik und Methode in Forschung und theoretischer Entwicklung erkennen: Ob nun in der ersten Hälfte des Jahrhunderts der Historismus in die »geisteswissenschaftliche Pädagogik« eingeht, ob in der zweiten Hälfte des 20. Jahrhunderts Piaget mit seiner Entwicklungspsychologie zum Propheten vieler Pädagogen avanciert oder ob die Sozialisationstheorie und die psychoanalytische Kritik als ein realistisches Gegengewicht gegen den Edelmut der pädagogischen »Provinz« gesetzt wird – die neuere Geschichte der pädagogischen Theoriebildung ist, von einigen interessanten, offiziell aber nicht zur Kenntnis genommenen Ausnahmen abgesehen, bestimmt durch Impulse und Herausforderungen, die gleichsam »von außen« gekommen sind. Die Ironie dieser Geschichte liegt darin, dass der Verlust der Wissenschaftlichkeit in der Pädagogik zusammenfällt mit den Bestrebungen, als »Erziehungswissenschaft« sich zu etablieren.

Das originär »Pädagogische« scheint nur mit praktischen Projekten der Erziehung verbunden zu sein. Die Bedeutung der Erziehungs»wissenschaft« wird von vielen Pädagogen selber ebenso wie von großen Teilen der Gesellschaft hauptsächlich in dem Ersinnen und Probieren praktischer Wege gesehen, bestimmte Ziele durch geplante Verhaltensweisen, Maßnahmen oder institutionelle Organisationsformen bei der heranwachsenden Generation zu verwirklichen. Jedoch bleibt die Diskussion der Ziele Sache der Philosophie und die Analyse der Praxis wird zu einem Gegenstand der Sozialwissenschaft. Bildungstheorie verkümmert zum Arsenal von Sätzen, die bei Abiturfeiern zitiert werden.

Dass sich Pädagogen, die sich als Erziehungswissenschaftler definieren, fast durchgängig von einem ungebrochenen antizipativen Bezug auf die Praxis leiten lassen, wird ihnen zu Recht als mangelnde Kritikfähigkeit oder Kritikwilligkeit ausgelegt. Sie machen sich umstandslos zu Ideologen des Bestehenden. Dies trägt Andreas Gruschka in seiner »*Negativen Pädagogik*« vor.[32]

Vergleichen wir nun allerdings die Pädagogik mit anderen »Wissenschaften«, die der Staat aus rein praktischen (d.h. affirmativen) Interessen ausdifferenziert hat und unterhält, etwa die Jurisprudenz, könnte auch umgekehrt interpretiert werden: Bei der Rechts»wissenschaft« ist es gelungen, die komplexen Fragen der technischen Handhabung der Gesetzgebung noch radikaler zu trennen von der Frage nach dem Recht des Rechts. Die Frage nach den Rechtsgründen darf in der nach herrschender Intention auf unpraktische (d.h. folgenlose) Aspekte beschränkten Philosophie weiter behandelt werden, während die Praxis der Rechtsetzung außerhalb der Wissenschaft in die durch Macht und Zufall bestimmten Prozesse politischer Entscheidungsfindung verlagert wurde. Dagegen hat sich in der Pädagogik beharrlich, wenn auch als unbequeme Nebenlinie, die kritische Frage nach den Grundlagen und nach der Begründung der Grundlagen gehalten. Anders als bei den Juristen fühlen manche Pädagogen – besonders die, die sich weniger als Erziehungswissenschaftler fühlen – ein »ungelöstes Normproblem der Pädagogik« (Jörg Ruhloff).[33]

32 Andreas Gruschka, *Negative Pädagogik*, Wetzlar 1988.

33 J. Ruhloff, *Das ungelöste Normproblem der Pädagogik*, Heidelberg 1979.

Kann sich auf Reflexion des ungelösten Normproblems der Pädagogik eine spezifisch pädagogische Theorie gründen? Oder konstituiert der »praktische Imperativ« bereits die gesamte Erziehungswissenschaft, verfällt die Pädagogik als Theorie durch diesen Imperativ? Hierauf komme ich zurück, nachdem ich eine ebenfalls »von außen« an die Pädagogik herangetragene Herausforderung dargestellt habe, die von dem Ökonomen Murray Rothbard formuliert wird. Seine Herausforderung aufzunehmen, scheint mir für die Bearbeitung der Konstitutionsfrage kritischer Pädagogik produktiv gewendet werden zu können.

Rothbards zwei Hauptvorwürfe an die Staatsschule lauten, dass sie die Wahlfreiheit negiere und durch eine ungerechte Wirtschaftsordnung finanziert werde. Die Vorwürfe treffen auch auf alle anderen staatlichen Institutionen zu, die Wohlfahrtseinrichtungen, die Straßen, die Gerichte, die Eingriffe in die Wirtschaft, die Zentralbank, die Strom- und Wasserversorgung, die Polizei und die Armee und noch vieles mehr. Die Schule hat für Rothbard keine besondere Bedeutung. Typisch ist etwa die folgende Passage:

»Man könnte die Schulpflicht nebenbei in einem Kapitel über Sklaverei abhandeln; denn welche Institution ist so offensichtlich ein gewaltiges System der Einkerkerung wie die Schulpflicht?« Bewusst bezieht Rothbard keine Stellung zum pädagogischen Problem der Schule. Vielmehr stellt er als »außenstehender« Beobachter befriedigt fest, dass ganz unterschiedliche pädagogische Überlegungen in die gleiche Schulkritik münden: »Bemerkenswert ist, dass die alte liberale Rechte und die Neue Linke von völlig verschiedenen Perspektiven aus […] zu einer sehr ähnlichen Einschätzung des despotischen Charakters der Massenverschulung gelangten. So hat Albert Jay Nock […] das Erziehungswesen angeklagt, ›unbildsame‹ Massen in die Schulen zu zwingen aufgrund des eitlen egalitären Glaubens an die Bildsamkeit von jedem Kind. […] Auf der Seite der Neuen Linken machen Kritiker wie John McDermott und Paul Goodman die Mittelschicht dafür verantwortlich, dass sie die Arbeiterkinder, die vielfach andere Werte und Eigenschaften als die Mittelschicht hätten, in ein öffentliches Schulsystem pressen würden, um diese Kinder an den Mittelschicht-

Typus anzupassen.« Rothbard interpretiert diese Kongruenz nicht als zufällig oder nichtssagend, sondern kann von seiner Sicht aus die zugrundeliegende Gemeinsamkeit herausarbeiten: »Damit sollte klar geworden sein, dass die Substanz der Kritik gleich bleibt, ob man nun die eine oder andere Schicht, die eine oder andere Erziehungsmethode bevorzugt: nämlich dass alle Kinder in eine Institution gezwängt werden, die ihren Interessen und Fähigkeiten nicht entspricht.«[34]

Das Problem sieht Rothbard nicht in unterschiedlichen Auffassungen; die Lösung liegt in sozialer Organisation ihrer Koexistenz. Es wäre widersinnig, gegen den bestehenden Schulzwang nun einen Zwang zu setzen, keine Schule zu besuchen. Schließlich ist denkbar, dass ein Kind eine Schule gerne und freiwillig besucht. Die freiwillige Anerkennung von institutionellen Bedingungen auszuschließen, wäre unlogisch und ein Verstoß gegen das Prinzip der Freiwilligkeit. (Die »institutionellen Bedingungen« werden oft als »Zwänge« bezeichnet; welche Gründe diese Bezeichnung auch für sich haben mag, ist es doch sinnvoll, mit Rothbard zwischen den unter Umständen durchaus unbequemen oder kritikwürdigen »Zwängen« sozialer Organisationen und dem auf Androhung von Gewalt basierenden Zwang der staatlichen Herrschaft zu unterscheiden.) Oder mit anderen Worten: Ein soziales Problem entsteht erst, wenn es aufgrund der politischen Organisation möglich wird, dass eine Auffassung sich der anderen *aufzwängen* kann:

»Die Schulbürokratie muss viele wichtige und umstrittene Entscheidungen treffen […]: Soll der Unterricht ›traditionell‹ oder ›progressiv‹ abgehalten werden? Marktwirtschaftlich oder sozialistisch ausgerichtet sein? Individualistisch oder egalitär? Allgemeinbildend oder berufsbildend? Religiös oder säkular? Sexualaufklärung, ja oder nein? Oder verschiedene Mischformen zwischen diesen Polen. Der entscheidende Punkt ist, dass wie immer die Behörde entscheidet, selbst wenn sie entsprechend den Wünschen der Mehrheit entscheidet, es immer eine beträchtliche Zahl von

34 Murray N. Rothbard, *Für eine neue Freiheit* (1973/78), Band 2, Kap. 4, Berlin ²2015, edition g. 103.

Eltern und Kindern gibt, die der von ihnen gewünschten Form der Erziehung beraubt wird. [...] Je ›öffentlicher‹ Erziehung wird, um so stärker werden in unnachgiebiger Konformität die Bedürfnisse und Wünsche von Individuen und Minoritäten missachtet. [...] In der Erziehung ist es wie in allen anderen sozialen Aktivitäten, dass je mehr staatliche Entscheidungen private Entscheidungsfindungen ersetzen, um so heftiger wird ein erbitterter Kampf zwischen den verschiedenen Interessengruppen entbrennen im verzweifelten Versuch, in wichtigen Fragen die eigene Meinung obsiegen zu sehen« (ebd.).

Wenn ich Rothbard als interessanten Ausgangspunkt für die Konstitution libertärer Pädagogik ansehe, obwohl er jede pädagogisch-inhaltliche Stellungnahme vehement ablehnt, so zunächst darum: Seine beiden Vorwürfe gegen die Staatsschule, mögen sie nicht auf diese begrenzt und nicht an ihr ausführlich dargelegt sein, sollten von der Pädagogik gleichwohl ernst genommen und diskutiert werden. In welchem Verhältnis die Schule zur politischen Organisation der Gesellschaft stehe, ob auf sie die liberale Forderung nach Freiwilligkeit zutreffen könne, ob pädagogische Überlegungen der Freiwilligkeit widersprechen oder sie unterstützen, sollten ebenso zentrale erziehungswissenschaftliche Fragen sein wie diejenige, ob die öffentlich finanzierte Schule vielleicht entgegen der üblichen Annahme eine unsoziale Einrichtung sei.

Über die engere Frage nach der libertären Pädagogik fordert Rothbard die gesamte pädagogische Theorie heraus: Sein Primat der politischen Analyse, ob ein gegebener sozialer Zustand oder eine gegebene soziale Institution aus freiwilliger Interaktion hervorgehe oder nicht, scheint der Pädagogik explizit diejenige Autonomie zu bestreiten, selber die Bedingungen ihrer Wirksamkeit zu bestimmen. Ich sage »scheint«, denn ich möchte im Folgenden einen Weg aufzeigen, die pädagogische Autonomie gerade durch die Freiwilligkeit zu konstituieren. Eine Reihe nicht ganz zufällig ausgewählter Theorien der pädagogischen Tradition betrachte ich unter dem Gesichtspunkt von Rothbards Primat der politischen Analyse. Die Auswahl richtet sich danach, ob in der entsprechenden Theorie das prekäre Verhältnis von Pädagogik und Politik thematisiert werde. Die Auswahl ist nicht vollständig, sondern beispielhaft; außerdem ist die Reihenfolge nicht historisch, sondern systematisch und mündet in einen möglichen Lösungsweg, die Pädagogik als libertäre Theorie zu denken.

TOLSTOI. Als Paradigma einer anarchistisch motivierten Erziehungskritik eignet sich Tolstois Vorstellung, die Schule solle dem disziplinarischen Versuch entraten, Kindern eine bestimmte »Verhaltensrichtung« geben zu wollen. Tolstois Vorstellung enthält eine entscheidende argumentative Instabilität: Die Aufforderung an die Schule, aus Erziehung sich herauszuhalten, erfolgt auf dem Hintergrund, dass er die erzieherischen – oder moderner: sozialisatorischen – Funktionen ungebrochen der Familie zuspricht: Die Schule dürfe sich nicht in die Erziehung einmischen, die nur Sache der Familie sei.[35]

Dieser affirmativen Haltung zur traditionellen russischen Familie entgegen steht Tolstois Beschreibung ganz anderer, subversiver »freier Ordnung«, die sich ergebe, sobald die Schule auf disziplinarische Maßnahmen verzichte. Eine solche freie Ordnung hat selbstredend »erzieherische« Auswirkungen auf die Kinder, die familiären Intentionen zumindest zuwider laufen können. Dies zeigt sich auch daran, dass Familien (= Väter) ihre Kinder von Tolstois Schule nehmen, obwohl sie die fachliche Kompetenz der Lehrer nicht anzweifeln. Konsequent verzichtet Tolstoi auch auf eine Forderung, seine Schul- und Unterrichtsvorstellungen allgemein verbindlich machen zu wollen.

35 Leo Tolstoi, *Die Schule von Jasnaja Poljana* (1862), Wetzlar 1980, S. 30.

»Es fällt mir nicht ein, aufzeigen zu wollen, was für eine Schule notwendig und nützlich ist. Ich will nur einen getreuen Bericht meiner Schule geben.«

Dieser Satz befindet sich am Anfang von Tolstois Chronik der »freien Schule für Bauernkinder«, Jasnaja Poljana.

Mit dem durch Rothbard geschärften Verständnis libertärer Analyse müssen wir zwei Ebenen in Tolstois Schulkritik differenzieren: Auf der logisch überzuordnenden Ebene steht seine Ablehnung, den Individuen (Eltern, Kindern) eine bestimmte Organisation der Schule, eine bestimmte Form des Unterrichts oder überhaupt Schule und Unterricht zu oktroyieren; auf der logisch unterzuordnenden Ebene bietet Tolstoi dann an, freiwillig jene durch ihn begründete Organisation der Schule und Form des Unterrichts wahrzunehmen. Da die übergeordnete Ebene politisch und nicht etwa pädagogisch begründet ist, ergibt sich kein Ansatz, Rothbards Primat der politischen Analyse zu überwinden: Tolstoi lässt die eigene Pädagogik in ihrem praktischen Wirkbereich durch seine politische Kritik begrenzt sein.

EMANZIPATORISCHE PÄDAGOGIK. Das Interesse an mündigen, entscheidungsfähigen Erwachsenen führt zahlreiche Pädagogen, die als »emanzipatorische« sich bezeichnen, in eine andere Richtung als die libertäre Pädagogik Tolstois. Die Individuen würden – so die Überlegung – in unmündigen bzw. an Unmündigkeit interessierten gesellschaftlichen Strukturen sozialisiert; besonders die Familie wird hier als negativer Agent der Sozialisation eingestuft. Da in dieser Vorstellung erst schulische Erziehung zur Mündigkeit befähigen kann, darf die Wahrnehmung des Unterrichts weder durch die Träger der schlechten Sozialisation, die Eltern, vereitelt werden, noch für die Opfer nachteiliger Sozialisation, die Kinder, fakultativ sein.

Trotz der scharfen Kritik an bestehenden gesellschaftlichen Verhältnissen und an den schulischen Organisationsformen nehmen die emanzipatorischen Pädagogen meist eine völlig affirmative Haltung zum *Prinzip* herrschender Pädagogik ein. Beide pädagogische Richtungen legitimieren Gewalt – meist indirekte und strukturelle Gewalt – gegenüber denen, die nicht in der je gewünschten Weise sich erziehen lassen wollen. Damit verweigern sie Freiwilligkeit als Prinzip pädagogischer Organisation.

»Die allgemeine Schulpflicht gilt als eine unverzichtbare Bedingung für die Gewährleistung der freiheitlichen demokratischen Grundordnung und zugleich als unerlässliche Voraussetzung für die Sicherung der wirtschaftlichen und sozialen Wohlfahrt der Gesellschaft. Sinn und Zweck der Schulpflicht ist nicht nur die Vermittlung von Lehrplaninhalten, sondern insbesondere auch die Schulung der Sozialkompetenz der Kinder. Die Sozialkompetenz wird durch das Lernen in der Klassengemeinschaft und durch gemeinsame Schulveranstaltungen in besonderem Maße gefördert. [...] Dies ist eine der großen emanzipatorischen und demokratischen Entwicklungen des 19. Jahrhunderts.«[36]

Obwohl emanzipatorische Pädagogen die Notwendigkeit der Gewalt pädagogisch begründen, verfällt ihre Theorie mit diesem Rekurs auf Gewalt unweigerlich der Politik. Um wirksam werden und bleiben zu können, muss emanzipatorische Pädagogik die politischen Instrumentarien (Gesetzgebung, Verwaltung) »erobern« und im eigenen Sinne einsetzen. Damit unterliegt sie der nicht-pädagogischen politischen Kritik Rothbards: Der Sieg in einem Machtkampf, der Kampf um die Bedienung der Instrumente struktureller Gewalt, bekräftigt das (Un-)Recht des Stärkeren, schafft aber kein Recht und garantiert schon gar nicht das Richtige. Wenn der, der sich im Recht glaubt, etwa ein emanzipatorischer Pädagoge, in Auseinandersetzung mit Widerstreben-

36 Diese Worte, die von einem beliebigen emanzipatorischen Pädagogen der 1970er Jahre stammen könnten, schrieb Erwin Huber, 2007 bis 2008 Vorsitzender der CSU, in Antwort auf eine kritische Frage zur Schulpflicht. www.abgeordnetenwatch.de/erwin_huber-120-16282--f142803.html

den, etwa einem Kind, Gewalt einsetzt (zum Beispiel Schulpflicht), entscheidet die Stärke, nicht das Argument.

NOTIZ ZU HUMBOLDT. In seiner anfänglichen Staatskritik verneinte Humboldt, wie dann Tolstoi und die anarchistischen Pädagogen, die Idee einer öffentlichen Erziehung. In seiner Praxis als Preußischer Kultusminister geriet er jedoch, wie wir gesehen haben, in das Trauerspiel, in das später auch die emanzipatorischen Pädagogen sich verwickelten: Weil er die Befreiung »aller« wollte und eine klare inhaltliche Vorstellung von dieser Befreiung besaß, konnte er sein eigentliches Engagement für Allgemeinheit nicht klar von den ihm im Grunde fremden, meist nicht-pädagogisch motivierten Bestrebungen zur »Einheitlichkeit« abgrenzen. Humboldt meinte, dass die Allgemeinheit zunächst nur staatlich (gewaltsam) gegen den sozialen Partikularismus durchgesetzt werden könne. Zwar hoffte er, die staatliche Funktion in der Erziehung werde mit fortscheitender Aufklärung *absterben*, aber diese Hoffnung trog. Marx *hätte* es wissen können.

ANTI-PÄDAGOGIK. Der Selbstwiderspruch emanzipatorischer Pädagogik, Mündigkeit mit Gewalt zu wollen, hat zu dem Eindruck geführt, Pädagogik habe gleichsam in ihrer Konstitution einen totalitären Anspruch. Dieser Eindruck ist das grundlegende Motiv der »anti-pädagogischen« Kritik.

Mit Hilfe der libertären Analytik Rothbards kann jedoch gezeigt werden, dass gerade die pauschale »Anti«-Haltung gegenüber der Pädagogik das Kritisierte an der Pädagogik unbewusst reproduziert. Genau in der gleichen Weise wie nur mit Hilfe der Gewalt eine bestimmte pädagogische Methode gegen Alternativen als allein verbindlich geltend gemacht werden kann, so bedürfte auch ein vollständiger Ausschluss der Pädagogik der (gewaltsamen) Aufsicht des Staates. Der Test, ob Ideen unter der Bezeichnung »Anti-Pädagogik« die Struktur herrschender Pädagogik besitzen, liegt in der Antwort auf die Frage, ob es erlaubt sein solle, dass ein Kind zu einer Schule gehen dürfe, die sich ausdrücklich einer Pädagogik verschrieben hat, sei es diejenige Lancasters, Herbarts, Pestalozzis, Tolstois, Steiners, Neills, Deweys oder sonst eines Pädagogen. Würde diese Frage mit »Ja« beantwortet – (ich sage »würde«, da Anti-Pädagogen sich um diese Frage wohlweislich herumdrücken) –, dann wäre Anti-Pädagogik nichts weiter als eine pädagogische Richtung. Wenn es also im Ernst anti-pädagogisch gemeint ist, hat das Programm »Freundschaft mit Kindern« – (das natürlich eine »geplante Verhaltensweise« erfordert, deren implizite Pädagogik bestimmte erzieherische Wirkungen unterstellt) – eine nur äußerliche Ähnlichkeit mit Tolstois anarchistischem Ansatz.

Die Anti-Pädagogik kann ihrer Begriffsbestimmung nach ihr Programm nicht als ein Angebot formulieren, dessen Inanspruchnahme freiwillig bleibt. Aus zwei Gründen: Zum einen kann sie nicht zugleich eine Ablehnung gegen alle Pädagogik durchhalten, ohne zumindest die pädagogischen Ansätze, die Freiwilligkeit zugrundelegen, unrechtmäßig auszuschließen. Zum anderen verweigert Anti-Pädagogik den Heranwachsenden und den ihnen zugewandten Erwachsenen Aufklärung über die Auswirkungen des eigenen Ansatzes, indem naiv behauptet wird, anti-pädagogisches Verhalten sei keine Erziehung. In der gegen-aufklärerischen Haltung wird die Anti-Pädagogik zur Manipulation, die tendenziell gegen Freiwilligkeit steht.

NEU-KANTIANISMUS. Fakt ist: Es gibt mehrere pädagogische (und anti-pädagogische) Richtungen, die mit dem Anspruch auf allgemeine Gültigkeit argumentieren. Problem ist: Eine politische (d. i. gewaltsame) Entscheidung für eine Richtung sagt nichts über deren Qualität, sondern sie unterwirft die Pädagogik lediglich den Interessen und Zufällen der Machtpolitik und reduziert die Pädagogik (oder Anti-Pädagogik) auf eine ideologische Rolle. Den Ausweg sehe ich in der Fortführung neu-kantianischen Verständnisses von Pädagogik. Stellvertretend für die Tradition der neu-kantianischen Pädagogik nenne ich Paul Natorp, Richard Hönigswald und Alfred Petzelt; in der Gegenwart führten Wolfgang Fischer und Jörg Ruhloff diesen Ansatz als »transzendentalkritisch-skeptische Pädagogik« fort.

Da allgemeine Geltung zwar beansprucht werde, nicht aber zu beweisen sei, so lautet eine zentrale Überlegung der neu-kantianischen Pädagogen, könne die Pädagogik ihre Autonomie nur dann bewahren, wenn sie die Geltung selber zum *Problem* der Pädagogik mache. Heranwachsenden gegenüber bestehe die pädagogische Aufgabe nicht darin, ihnen eine bestimmte Norm zu vermitteln, sondern die Frage nach der »Normativität der Normen« zu stellen. Faszinierend ist es, wie Alfred Petzelt in dem Buch *»Kindheit, Jugend, Reifezeit«* (1950-54) aufzeigt, die »Aktivität des Ich« – Wille, Begründung und Entscheidung – sei *von Geburt an* ernst zu nehmen.

Radikal ausgeführt endet die neu-kantianische Interpretation der pädagogischen Aufgabe m. E. nicht im Selbstwiderspruch: Die Frage nach der Normativität der Normen kann vor der neu-kantianischen Pädagogik selber nun nicht Halt machen, sie muss sie mit einbeziehen. Der Heranwachsende, der sich dagegen entscheidet, neu-kantianisch unterwiesen zu werden, und stattdessen etwa sich religiös indoktrinieren lässt, hat eine dem Neu-Kantianer falsch erscheinende Antwort auf die Normfrage gegeben, aber eine autonome und praktisch zu akzeptierende (wobei die praktische Duldung nicht theoretische Billigung einschließt; denn Billigung ist für Neu-Kantianer gekoppelt an Begründung, nicht schon an bloße »Entscheidung«).

Weil nur die Existenz der Wahlmöglichkeit die Normfrage aufkommen lässt (verträten alle Menschen einen einheitlichen Standpunkt, käme die Normfrage faktisch nicht auf), kann die neu-kantianische Pädagogik eine Einschränkung der Wahl nicht begründen. Im Gegenteil: Dass eine Wahl gegeben ist, ist die Bedingung der Möglichkeit von Pädagogik in diesem Verständnis. Bildungstheoretisch ausgedrückt: Das Problem der Bildung ist geradezu das der Möglichkeit eines Daseins ohne sozial erzwungene und garantierte Norm (nicht aber ohne Verpflichtung). In der Normkritik treffen sich Anarchismus, neu-kantianische (skeptische) Pädagogik und Bildungstheorie im Sinne Humboldts.

In diesem Kontext führt Rothbards politische Kritik nicht bloß zur libertären Pädagogik, sondern zur Pädagogik im Sinne autonomer Theoriebildung überhaupt. Die Herausforderung »von außen« bekommt nun eine Antwort »von innen«. Die Antwort lautet: Pädagogik, die autonom und nicht ideologisches Feigenblatt politischer Interessen sein will, muss sich auf zustimmende Personen beschränken, darf bloß *freiwillig* in Anspruch zu nehmende Angebote machen. Pädagogik ist libertär oder nicht als unabhängige Theorie radikal.

LITERATUR

Dietrich Benner, *Allgemeine Pädagogik* (1987), Weinheim 2012 · Herwig Blankertz, *Geschichte der Pädagogik* (1982), Wetzlar 2011 · Ekkhart von Braunmühl, *Antipädagogik* (1975), Leipzig 2006 · John Dewey, *Demokratie und Erziehung* (1916), Weinheim 2000 · Wolfgang Fischer, *Schule als parapädagogische Organisation*, Kastellaun 1978 · P. Goodman, *Das Verhängnis der Schule* (1964), Frankfurt/M. 1975 · Hartmut von Hentig, *Warum muss ich zur Schule gehen?*, München 2001 · Alfred Petzelt, *Kindheit, Jugend, Reifezeit* (1954), Freiburg/Br. 1961 · Jörg Ruhloff, *Das ungelöste Normproblem der Pädagogik*, Heidelberg 1979 · Murray N. Rothbard, *Für eine neue Freiheit* (1973/78), edition g. 102-103 · Leo N. Tolstoi, *Die Schule von Jasnaja Poljana* (1862), Wetzlar 1980.

Eine gegenwärtig häufig zu hörende Klage lautet, der nachwachsenden Generation würden in Elternhaus, Kindergarten und Schule keine *Werte* mehr vermittelt. Diese Klage wird übrigens ununterbrochen geführt, seit es eine schriftliche Überlieferung gibt. Insofern muss es von den ersten überlieferten Aufzeichnungen an, sei es aus Ägypten, sei es aus Griechenland, sei es aus China, mit der Kultur der Menschheit stetig abwärts gegangen sein.[37] Auf Grund der fehlenden Wertevermittlung, so die heutige Form der Klage, würden die Kinder und Jugendlichen auf einer Stufe der Egozentrik verharren, auf welcher sie in asozialer Weise eigene Bedürfnisse den Gruppeninteressen überordnen und Konflikte gegebenenfalls mit »Aggressivität« regeln. Als Gründe für die fehlende Vermittlung von Werten werden Zweifel an der Gültigkeit der Werte und eine unkritische Orientierung an dem Vorrang individueller Bedürfnisse genannt. Die politisch Konservativen machen gern die 1968er Generation und ihre Relativierung von Werten für deren Verfall haftbar, die politisch Linken den neoliberalen Freiheitskampf seit den 1980er Jahren.

Das Menschenbild hinter der Klage vom Werteverfall ist unverkennbar: Das Individuum sei zunächst egozentrisch oder sogar anti-sozial, nämlich auf Bedürfnisbefriedigung ohne Rücksicht auf andere Menschen fixiert. Zu der Befriedigung eigener Bedürfnisse werde gegebenenfalls auch Gewalt eingesetzt. Nur ein von außen an die jungen Menschen heran-

37 Vgl. z. B. G. Keller, *Das Klagelied vom schlechten Schüler*, Heidelberg 1989.

getragener Set von Werten diszipliniere und sozialisiere sie, veranlasse sie, sich willig in die Gemeinschaft einzufügen. Die Klage über die fehlende Vermittlung von Werten verweist indirekt auf ein Modell, wie Werte vermittelt würden. Dieses Modell der Vermittlung von Werten greift auf die Vorstellung von »Sozialisation« und »sozialem Lernen« zurück und ist nicht nur im akademischen Betrieb, sondern inzwischen auch in der Alltagstheorie fest verankert:
1. Vorbild. Die ältere Generation lebt gewünschte Werte vor.
2. Erklärung. Die nachwachsende Generation wird von den Werten überzeugt.
3. Sanktion. Von den Werten abweichendes Verhalten zieht Strafe nach sich.
Durch die Sozialisationsforschung wird die dritte Möglichkeit, die Sanktion, meist als problematisch dargestellt, hat in der Alltagstheorie jedoch einen weit höheren Stellenwert. Abgesehen von dieser bemerkenswerten Differenz zwischen Alltagstheorie und wissenschaftlicher Ansicht bleibt festzuhalten: Wenn Vorbildfunktion und Erklärung funktionieren würden, bräuchte man keine Sanktionen. Andererseits wird alltagstheoretisch gern das Fehlen von Sanktionen gegenüber anti-sozialem Verhalten gerade in der frühen Kindheit als Ursache für spätere Gewaltbereitschaft angeführt. Sanktionen verbrämt man heute vielfach mit dem Euphemismus des »klare Grenzen Setzens«. (Das Problematische an dieser alltagstheoretischen Auffassung besteht – am Rande bemerkt – nicht in der Forderung nach dem Setzen klarer Grenzen, sondern in der Verschleierung, es handle sich nicht um Sanktionen.)
Das Problem des Sozialisations-Modells der Vermittlung von Werten fängt bereits bei der Vorbildfunktion an. Für die Vermittlung von Werten auf die Vorbildfunktion zu verweisen, setzt voraus, dass der junge Mensch vornehmlich

durch »Übernahme« beobachteter Verhaltensweisen lerne. Entwicklung wird als »zunehmende Konformität« gesehen (wie Kohlberg in kritischer Absicht referiert).[38] Diese Auffassung jedoch befindet sich in einem gewissen Gegensatz zu dem erwähnten Menschenbild, nach dem die Orientierung an der Durchsetzung der eigenen Bedürfnisse das Verhalten steuere. Die Problematik des Vorbild-Gedankens kann ganz praktisch beobachtet werden: Die Empörung über fehlende Werte geht von Erwachsenen aus, die durchaus meinen, sich selber im Sinne der geforderten Werte zu verhalten, denn andernfalls wären sie ja nicht empört. Zur Begründung der Tatsache, dass die Kinder jene Werte trotzdem nicht »internalisieren« würden, wird auf schlechte *andere* Vorbilder verwiesen, z. B. Fernsehen und Computerspiele – Stichwort: Gewalt – oder anti-soziale profitgierige Manager.

Warum jedoch entscheiden sich die Kinder für entferntere schlechte Vorbilder und gegen die unmittelbaren besseren Vorbilder? Die schlechten Vorbilder und ihre Werte bzw. »Unwerte« scheinen also einfach attraktiver für die Kinder zu sein. Eine an dieser Stelle oft eingeführte Hilfshypothese verschärft die Problematik eher noch: Alle Einflüsse auf das Kind müssten in die gleiche Richtung weisen, Elternhaus, Kindergarten, Lehrer, Medien, Wirtschaft, Politik. Damit wird dem schlechten Vorbild eine geradezu magische und infernalische Anziehungskraft zugeschrieben, sodass jede Ausnahme vom guten Vorbild unmittelbar dazu verführe, dem schlechten Vorbild zu folgen.

Damit gelangen wir zu der zweiten genannten Möglichkeit, Werte zu vermitteln, nämlich der über die Erklärung. Auch bei der Erklärung haben diejenigen, die einen Verfall der Werte diagnostizieren, offenbar wenig Erfolg, den Kindern

38 Lawrence Kohlberg, *Moralstufen und Moralerwerb* (1976), in: ders., *Die Psychologie der Moralentwicklung*, Frankfurt/M. 1996, S. 163.

und Jugendlichen darzustellen, *warum* denn das im Grunde bessere Gute dem anscheinend attraktiveren Bösen vorzuziehen sei.

Um das Versagen der Erklärung bei der Wertevermittlung zu untersuchen, greife ich Bemerkungen aus Jean Piagets 1932 zuerst erschienenem Werk *»Das moralische Urteil beim Kinde«* (1932) auf, in welchem auch eine Verbindung zu der dritten genannten Möglichkeit, der Sanktion, hergestellt wird.

Zuvor ein paar Worte zu dem der Sozialisationstheorie entgegen gesetzten Ansatz Piagets, der von Lawrence Kohlberg in den 1960er und 1970er Jahren differenziert wurde. Piaget und Kohlberg gehen davon aus, dass die Entwicklung von Werten – oder, wie sie noch sagen: Moral – gegenüber den sozialen Einflüssen eine gewisse Robustheit aufweise. Die Entwicklung ist zwar auch von Einflüssen abhängig, folgt aber einer Logik, die nicht einfach durch jedweden Fehler oder jedwedes Defizit bei der Erziehung außer Kraft gesetzt wird. Ganz im Gegensatz zu der Sozialisationstheorie ist es sowohl nach Piaget als auch nach Kohlberg geradezu notwendig für gute moralische Entwicklung, *heterogenen* (und *nicht* homogenen!) Erfahrungen und Einflüssen ausgesetzt zu sein.[39]

Weil es im Folgenden nicht um die differenzierteren Stufen der Werte- oder Moralentwicklung von Kohlberg gehen soll, bleibe ich bei den einfachen zwei Stufen von Piaget: Nach Piaget entwickelt sich zunächst ein Bewusstsein von starren

39 Jean Piaget, *Das moralische Urteil beim Kinde* (1932), Stuttgart 1983, z.B. S. 132. Kohlberg, ebd., S. 165ff.

40 Um genau zu sein: Piaget spricht nicht von »kommunikativ«, sondern von »demokratisch«. Aus Gründen, die außerhalb des Themas an dieser Stelle liegen, finde ich, wie zwischenzeilig im »Trauerspiel« angeklungen ist, dies problematisch; Ausführlicheres gegen die Demokratie findet sich in *»Die Katastrophe der Befreiung«* (edition g. 107). Nach meiner Über-

»geheiligten« Regeln, die es, egal woher sie stammen und wie sie begründet sind, zu befolgen gilt. Dies nennt er »Zwang und einseitige Achtung« und den »moralischen Realismus«, was in etwa den Begriffen »positives Recht«, »geschriebene Gesetze« sowie »Legalitätsprinzip« in der Rechtstheorie entspricht. Die zweite Stufe nennt er »Gegenseitigkeit« und »Gerechtigkeit«, wenn sich Regeln und ihr Vollzug sinnvoll am Ideal der »gegenseitigen Achtung« und Gerechtigkeit ausrichten, wenn Regeln situativ sind und sich kommunikativ ergeben.[40] Die Methode von Piaget und Kohlberg, die Entwicklungspsychologie des moralischen Urteils zu untersuchen, besteht darin, Kindern unterschiedlichen Alters Geschichten vorzulegen, die das moralische Urteil herausfordern und ihre dokumentierten Reaktionen dann den Stufen der Moralentwicklung zuzuordnen.

Mit diesem Forschungsdesign lässt sich zuverlässig herausfinden, welcher Stufe der Moral ein bestimmtes Individuum in seinen Urteilsbegründungen folgt. Jedoch ergibt sich eine Lücke hinsichtlich der Frage, *wie* und *wodurch* Entwicklung stattfindet. Dass es sich um eine kognitive Entwicklungslogik handelt, wie Piaget und Kohlberg behaupten, wird eher vorausgesetzt, als dass es sich aus den Untersuchungen selber erschließt. Aus diesem methodischen Problem folgt die Lücke, nämlich dass die Autoren nicht wirklich *zeigen* können, was denn nun die Entwicklung des moralischen Urteils oder – wie man heute vielleicht lieber sagt – die Entwicklung der Werthaltung initiiere. – Diese Lücke schließt

sicht bezieht sich Piaget übrigens an keiner Stelle auf »Demokratie« als formales Verfahren der Mehrheitsherrschaft und Legitimierung einer Staatsform. – Bezogen auf die Demokratisierung der Schule gilt nach wie vor das Diktum von Jörg Ruhloff (*Demokratisierung der Schule?*, in: Wolfgang Fischer, *Schule und kritische Pädagogik?*, Heidelberg 1972, S. 66): Demokratisierung »führt die Egalisierung von Herrschaftschancen herbei, tilgt aber keine Herrschaft«.

sich meiner These zufolge mit der gestalttherapeutischen »Aggressionstheorie«.[41] Um sie darzustellen, knüpfe ich zunächst an das an, was Piaget selber zu den entwicklungsbedingten Ursachen des zu überwindenden »moralischen Realismus« sagt.

Jean Piaget führt den kleinkindlichen »moralischen Realismus«, die Haltung also, die unterschiedslos alle Regeln wie objektive »Naturgesetze« behandelt, auf zwei Ursachen zurück:

41 Aggression im Sinne von »Herangehen« an den Gegenstand des Verlangens oder des Hasses ist, wie Fritz Perls schon 1942 in *»Das Ich, der Hunger und die Aggression«* beschrieben hat, notwendig für das Überleben jedes Einzelnen. Wer, wie die Begründer der Gestalttherapie, den positiven Aspekt der Aggression hervorhebt, scheint das Recht der individuellen Bedürfnisse einseitig gegenüber den gesellschaftlichen Normen und Werten zu betonen. Der rückblickende Eindruck, das sei die Position rebellierender Individualität gegen erdrückende Befriedung gewesen, die in unseren Zeiten wachsender Aggressionsbereitschaft und fehlender Affektkontrolle nicht mehr aktuell sei, trügt aber. Die erste Formulierung der Aggressionshypothese erfolgte im Jahre 1936 mit einem Papier zum *»Oralen Widerstand«* von Laura und Fritz Perls, in welchem sie die *Beißhemmung* als den wesentlichen Ausdruck der Neurose bezeichneten. Laura und Fritz Perls hatten als Jugendliche den ersten Weltkrieg miterlebt, die Machtergreifung der Nationalsozialisten war erfolgt. 1938, als der zweite Weltkrieg im Anzug war, hielt Laura Perls in Johannesburg einen Vortrag über Friedenserziehung, in welchem erstmals die Formel auftauchte, die Unterdrückung aggressiver Impulse des Individuums führe zu gesteigerter kollektiver Gewaltbereitschaft. *»Das Ich, der Hunger und die Aggression«* wurde 1942 verfasst und 1944 veröffentlicht, als der Krieg noch im vollen Gange war. Als das Grundlagenwerk *»Gestalt Therapy«* von Perls, Hefferline und Goodman 1951 erschien, war der zweite Weltkrieg kaum zuende, der Koreakrieg stand bevor. Und in der befriedeten Konformität der USA erschütterten erste Erfahrungen mit Jugendbanden die Öffentlichkeit. Die gestalttherapeutische Aggressionstheorie ist keine unverantwortliche oder auch nur spielerisch-provokative Verniedlichung von Destruktivität, weder bezogen auf Krieg, Unterdrückung und Terror, noch bezogen auf Ausbrüche unkontrollierter Gewalt innerhalb befriedeter Wohlstandsgesellschaften. Vielmehr trägt sie dazu bei, diese erschreckenden Phänomene zu verstehen und zu überwinden. – Vgl. Stefan Blankertz, *Gestalttherapie Essentials*, Wuppertal 2012, S. 48-121.

1. Die erste Quelle des »moralischen Realismus« ist nach Piaget absolut unvermeidlich. Das Kind bildet ab ungefähr 2 ½ Jahren aus seinen negativen Erfahrungen resultierende, sein Verhalten regulierende Normen. Dabei unterscheidet es nicht zwischen schmerzhaften Folgen seines Verhaltens, die sich aufgrund objektiver Gegebenheiten einstellen (wie z. B. die Verbrennung beim Anfassen heißer Gegenstände), auf der einen Seite und tadelnden oder strafenden Reaktionen der Eltern, anderer Erwachsener oder größerer Kinder auf der anderen Seite. Durch die Weiterentwicklung kognitiven Unterscheidungsvermögens wird es dem Kind möglich zu differenzieren, in natürliche *Folgen von* Handlungen und in von Menschen vorgenommene *Reaktionen auf* sie.

Diese erste Quelle des »moralischen Realismus« ist zwar unvermeidlich, erledigt sich aber im Zuge ungehinderter kognitiver Entwicklung des Kindes. Wichtig zu beachten ist, dass Piaget diese Quelle des moralischen Realismus als *unvermeidlich* ansieht, selbst unter »idealen« Erziehungsbedingungen: Das Kind wird z. B. bereits allein die Unterbrechung eines Handlungsimpulses, wenn es droht, etwas zu zerstören, als Zwang erleben, sogar wenn der Erwachsene versucht, dabei keine moralische Bewertung und keinen Tadel auszudrücken; und es ist noch nicht in der Lage, die eventuell begleitend gegebene Erklärung zu verstehen.

2. Die zweite Quelle des moralischen Realismus ist Piaget zufolge bedingt unvermeidlich. Sofern das Kind der Person, die den Handlungsimpuls unterbricht, Achtung oder Liebe entgegenbringt, stellt der aus der Unterbrechung folgende Schmerz auch eine Art »Sühne« dar, um die durch die Missbilligung vorübergehend gestörte Beziehung wiederherzustellen. Sobald das Kind zwischen objektiv gegebener Handlungs*folge* und durch eine Autoritätsperson gesetzte Handlungs*regel* unterscheiden kann, ergibt sich laut Piaget

ein unauflöslicher Widerspruch zwischen der *qua* Autorität *ge*forderten Unterwerfung und der für die Entwicklung des Gerechtigkeitssinnes *er*forderten Autonomie. Ich selber habe als Vater oft zu früh in Auseinandersetzungen meiner Söhne eingegriffen. Obwohl es mit der Rationalisierung geschah, für Gerechtigkeit und Schutz des Schwächeren sorgen zu wollen, empfand meist auch der unterlegene jüngere Sohn den Eingriff als »ungerecht«. Dagegen riet schon Leo Tolstoi dazu, sich auch in gewaltsame Streitigkeiten unter Kindern nicht einzumischen. Der sich durch die Einmischung ergebende Widerspruch zwischen Gehorsam und Autonomie kann nach Piaget selbst eine wohlmeinende Autoritätsperson nicht auflösen. – Für die Entwicklung des Gerechtigkeitssinnes hält Piaget die *Vergesellschaftung unter Gleichaltrigen* für absolut unverzichtbar. Nur in der Kindergesellschaft lernen Heranwachsende, Regeln aufzustellen, zu verhandeln und zu befolgen, die, wie Piaget schreibt, aus der »immanenten Bedingung [...] der gesellschaftlichen Beziehungen« folgen.[42]

Auf dem Hintergrund der Piagetschen zweiten Quelle für den »moralischen Realismus« können wir nun erkennen, warum die landläufige Vorstellung, Werte würden durch ein Erklären vermittelt, nicht sich realisieren lässt: Das Kind, das entwicklungsmäßig fürs Erklären zugänglich wäre, also zwischen objektiven Handlungsfolgen und gesatzten Regeln kognitiv zu unterscheiden in der Lage ist, sieht unweigerlich sich einem Widerspruch gegenüber: Der Widerspruch liegt darin, dass einerseits die Erklärung idealerweise auf eine freiwillig zu gebende Zustimmung desjenigen zielt, der von

42 Piaget (vgl. Anm. 39), S. 240. Für mich die wichtigste Formulierung von Piaget, die weit über die Entwicklungspsychologie für die Rechtsphilosophie bedeutsam ist: Es gibt Bedingungen des Zusammenlebens, die von der Vernunft entdeckt, aber nicht durch Konvention abgeändert werden können. Vgl. Stefan Blankertz, *Minimalinvasiv*, edition g. 101, S. 149ff.

einem Argument überzeugt worden ist, während es andererseits in Wirklichkeit auf die Zustimmung des Kindes eben gar nicht ankommt: Das Ergebnis steht bereits fest. Wenn das Kind sich nicht überzeugen ließe, würden Sanktionen eingesetzt. Wer nicht hören kann, muss fühlen.

Dagegen zeigt Piaget, Kinder erführen in unbeaufsichtigtem Spiele, dass die »immanente Bedingung gesellschaftlicher Beziehungen« auch objektive Handlungsfolgen habe, die sich aber auf andere Weise als naturgesetzliche Handlungsfolgen vermitteln: Spiel – oder allgemeiner: jede Vergesellschaftung – verlangt zwar die Befolgung gewisser Regeln, diese Regeln sind jedoch gegebenenfalls veränderlich und lassen sich den jeweiligen Umständen und den Bedürfnissen der Beteiligten anpassen. Jemand, der sich den Regeln verweigert, kann ausgeschlossen werden, ebenso wie jemand, der den Regeln der aktuellen Gruppe nicht zustimmt, sich aus dem Spiel verabschieden kann. Es gibt demnach auch im Spiel Sanktionen, aber sie haben einen anderen Charakter als die Sanktionen einer Autoritätsperson.[43] Dieser andere Charakter der Sanktionen im Spiel der Kindergesellschaft gegenüber autoritativen Sanktionen besteht in folgenden beiden Aspekten: Zum *einen* beruhen Sanktionen im Spiel nicht auf einer prinzipiellen Überlegenheit einer Seite, sondern beinhaltet eine Gleichberechtigung beider Seiten, und zum *anderen* erstreckt sich die Jurisdiktion der Gruppenentscheidung bloß auf die aktuelle Situation, nicht auf das gesamte Dasein der Beteiligten.

Obgleich die Piagetsche Theorie der Moralentwicklung sich selber mit dem Adjektiv »kognitiv« kennzeichnet, enthält

43 Diese These habe übrigens ich nicht bei Piaget (oder George Dennison) zuerst entdeckt, vielmehr bei Lysander Spooner, einem amerikanischen Rechtsphilosophen, Anti-Sklaverei-Aktivisten und Anarchisten des 19. Jhs. Spooner (*»Natural Law«*, 1882) verweist auf das Kinderspiel, um seinen Begriff des »Naturrechts« zu entwickeln.

sie genauer betrachtet ein Element des Primats aktuellen Erlebens gegenüber einem rein kognitiven Umgang mit der Wirklichkeit, ein Primat, der Gestalttherapeuten sehr geläufig ist: Wenn in einer gegebenen Situation ein Widerspruch sich zwischen erfahrener Wirklichkeit und dazugehöriger Theorie ergibt, wird sich das Erleben der Wirklichkeit gegen die als Theorie getarnte Rationalisierung oder Ideologie durchsetzen. Die Autoritätsperson, die Gerechtigkeit, Gleichberechtigung und Toleranz predigt, jedoch in einer Struktur asymmetrischer Machtverteilung agiert, wird keinen Erfolg bei der Vermittlung der vorgeblichen, aber nicht realisierten Werte haben.[44]

Eine Autoritätsperson, die entweder in ihrem Bestreben, die sozialen Werte besser zu realisieren, oder aus Selbstzweifel über die Berechtigung ihrer Machtstellung die Sanktionen lockert, wird *nicht* soziales Verhalten hervorrufen, sondern ungezügelte aggressive Impulse freisetzen. Seit langem ist dies die Erfahrung wohlmeinender und »demokratisch« gesinnter Eltern, Erzieher und Lehrer. Ihre Zurückhaltung legen die Heranwachsenden durchweg als Schwäche aus, die sie dergestalt ausnutzen, dass sie über die Stränge schlagen – am Ende müssen drakonischere Strafen eingesetzt werden, als sie die Autoritätsperson alten Zuschnitts brauchte.

Der grundlegende Fehler, der heute bei Versuchen gemacht wird, Werte zu vermitteln, besteht darin, den notwendigen Beitrag der *Aggression* zu übersehen. Eltern, Kindergartenerzieher[45] und Grundschullehrer sorgen sich um die Gewalt- und Aggressionslosigkeit des kindlichen Miteinanders und betonen die Möglichkeiten des kooperativen Verhaltens-

44 In dem vorliegenden Kontext bleibe ich der Einfachheit halber bei dem Piagetschen Begriff der »Autorität«, obwohl ich eine Differenzierung zwischen *Autorität* (als »freiwilliger Gefolgschaft«) und *Herrschaft* (als »erzwungener Gefolgschaft«) analytisch für sinnvoll erachte.

und Konfliktlösungsstils. Damit berauben sie jedoch die Kinder der Chance, selber das zu erfahren, was Piaget die »immanente Bedingung von Gesellschaft« nennt. Diese »Bedingung von Gesellschaft« wird nicht erfahren, anstattdessen vielmehr als autoritative Regel übergestülpt. Damit erhält die Regel sozialen Verhaltens strukturell den gleichen Charakter wie jede willkürliche Regel einer Autoritätsperson und ruft den Widerstand der Kinder gerade dann hervor, wenn sie den Schritt vom »moralischen Realismus« hin zur Moral der Gleichberechtigung und Gerechtigkeit entwicklungsmäßig vollziehen.

Die Piagetsche Kindergesellschaft hat zur Voraussetzung, dass sie *unbeaufsichtigt* sei. Für solche Kindergesellschaften werden die Möglichkeiten jedoch immer beschränkter, weil die gesellschaftlichen Infrastrukturen immer mehr Zeit und Raum umgreifen. Dazu gehört auch, dass die Verpflichtung zur Aufsicht für diejenigen, die als Eltern, Erzieher oder Lehrer mit Kindern umgehen, stetig strikter gefasst wird.

In den Kindergesellschaften spielt Aggression eine große Rolle, etwas, das Piaget aufgrund seiner Methode weder exakt beobachten konnte noch theoretisch aufgearbeitet hat. Allerdings ist die Bedeutung der Aggression durchaus in seinen Aussagen indirekt mit eingeschlossen. Die von ihm angeführte Tatsache, dass Regeln im *Konflikt* zwischen dem Wunsch nach Vergesellschaftung und den individuellen Bedürfnissen entstehen, schließt ja ein, dass die Regeln nicht bereits existieren oder nicht bereits als bindend angesehen werden. Auch wenn Regeln schon gefunden worden sind, beendet das die Aggression nicht: Die Gruppe überwacht

45 Gerade weil in Kindergärten und Grundschulen fast ausschließlich Frauen arbeiten, fände ich es diskriminierend, hier »Kindergärtnerinnen und Grundschullehrerinnen« zu schreiben, als sei es »typisch weiblich«, diesen Fehler zu begehen.

die Regeln ebenso wie das einzelne Mitglied stets aufs Neue entscheiden muss, ob die Regeln noch hinreichend Platz für seine eigenen Bedürfnisse lassen. Falls die Antwort negativ ausfällt, versucht es zunächst, die Regeln zu verändern, was unzweifelhaft ein aggressiver Akt ist, und kann bei Nichtgelingen der Änderung die Gruppe verlassen, was ebenfalls meist nicht ohne Aggression vonstatten geht.

Der entscheidende Schritt in der Piagetschen Theorie der Moralentwicklung ist die Erfahrung des Kindes, dass Regeln *unfertig* und *veränderbar* sind sowie auf Gegenseitigkeit beruhen. Im Umkehrschluss ist davon auszugehen, dass sich die Moral nur unzureichend entwickelt, wenn in einer gesellschaftlichen Situation der Heranwachsende die meisten Regeln als bereits fertig und unveränderbar sowie als von Autoritätspersonen überstülpt erlebt, so demokratisch und sozial sich die Autoritätspersonen auch geben mögen.

Gleichwohl bleibt die Grundfunktion des Lebens aggressiv. Der Einzelne erstrebt nicht nur eine Anpassung von ihm an die Umwelt, sondern auch, dass die Umwelt und die sozialen Regeln seinen eigenen Bedürfnissen entsprechend an ihn angepasst werden, das also, was die Begründer der Gestalttherapie als »kreative oder schöpferische Anpassung« bezeichneten. Wird der aggressive Aspekt blockiert, bleibt die aggressive Energie dennoch erhalten und »implodiert« oder »explodiert«, um mit Fritz Perls zu sprechen: Die aggressive Energie, die nicht erreichen kann, wozu sie da ist, richtet sich in zerstörerischer Absicht gegen das Selbst oder gegen den Anderen. Wenn die autoritär aufgezwungenen Werte »sozial« sind, dann richtet der Widerstand genau sich gegen das Soziale. »Der Antisoziale ist heute der Aggressive«, so konstatierte Goodman in *»Gestalt Therapy«* 1951 mit kritischer Absicht. Dies ist eine fast prophetische Aussage, die m. E. heute aktueller noch ist als damals.

Nach diesen Überlegungen möchte ich nun eine auf Piaget aufbauende, ihn ergänzende libertäre Theorie der »Moralentwicklung« systematisch skizzieren:

1. Moralische Regeln oder Werte entwickeln sich dadurch, dass ihre Sinnhaftigkeit für jeden Einzelnen erfahrbar ist. Regeln, deren Wert für den Einzelnen nicht im Erleben deutlich wird, werden berechtigterweise zurückgewiesen oder zu verändern gesucht. Dort, wo es einen Konflikt zwischen einer Gruppe, die an einer Regel festhält, und einem Einzelnen kommt, der die Regeln verändern will, findet eine Verhandlung statt. Scheitert die Verhandlung, zerfällt die Gruppe; das eine oder andere Mitglied verlässt die Gruppe oder die Gruppe schließt den Störenfried aus.* – Moral oder Werte werden dagegen nicht, jedenfalls nicht nur und vor allem nicht hauptsächlich durch Vorbild, Überredung oder Sanktionen von Autoritätspersonen vermittelt, wobei es bei den Sanktionen eher von untergeordneter Bedeutung ist, ob es sich um Erpressung mit Liebesentzug oder drakonische Bestrafung mit Schlägen handelt.

2. Zentrale Bedeutung im Prozess der Moralentwicklung hat das Wechselspiel von Vergesellschaftungswunsch und Aggression. Aggression geht von der Gruppe aus, die bestrebt ist, die sie konstituierenden Regeln zu bewahren, und von dem Einzelnen, der die Regeln an seine individuellen Bedürfnisse anpassen möchte. Nur wenn der Gruppe keine

* »Man entdeckt, dass das, was vernünftig oder was üblich gewesen war, der Kreativität gar nicht mehr dient; stattdessen muss man es ganz anders machen. Solch eine Entdeckung ist besorgniserregend und verlockend zugleich; sie übersteigt das, was man sich aufgrund erworbener Persönlichkeitsstruktur ›wünscht‹. Die Figur schält sich heraus und unterdessen muss man riskieren, verrückt oder einsam zu sein. Man erntet jedoch wiederum als neue Figur eine Regel, die entweder zur Selbstverwirklichung in der Loyalität einer neuen Gruppe gegenüber oder aber zur Bildung einer eigenen Gruppe führt.« *Gestalt Therapy* (1951), zit. n. Stefan Blankertz, *Gestalttherapie Essentials*, Wuppertal 2012, S. 134/135.

weitere Überlegenheit eignet als diejenige, den abweichenden Einzelnen gegebenenfalls ausschließen zu können, entwickelt sich Moral ungehindert. Denn die Aggression muss zielgerichtet und begrenzt bleiben, um nicht destruktiv zu werden. Die Aggression der freiwilligen Gruppe ist begrenzt auf das Binnenverhältnis und endet, wurde der abweichende Einzelne ausgeschlossen. Die Aggression des Einzelnen ist begrenzt auf die Durchsetzung seines eigenen Bedürfnisses und sie endet, wenn das Bedürfnis durchgesetzt ist oder die Durchsetzung scheitert und der Ausschluss erfolgt. – Eine Vorstellung von moralischen Regeln und Werten, die sich nicht aus ihrer Sinnhaftigkeit für das Individuum, für die Gruppe und für die Gesellschaft rekonstruieren lassen, kann bloß aus willkürlichen Setzungen bestehen und autoritativ-gewaltsam vermittelt werden.

3. Durch die »organisierte Gesellschaft«, wie Goodman es nannte, wird Aggression entgrenzt und Moral zerstört. Die Aggression, die die Gesamtgesellschaft ausübt, erstreckt sich auf die Regelung von allem und jedem. Vermittelt wird dies dadurch, dass die nachwachsende Generation kaum noch Raum und Zeit hat, unbeaufsichtigt sich zu vergesellschaften. Selbst wenn Inhalt der Regelungen das »demokratische«, »tolerante«, »soziale« und »abgesicherte« Leben ist, treten diese als überstülpte und allumfassende Autorität auf. Die Auflehnung richtet sich gegen die sozialen Werte, die nicht mehr als sinnvoll erlebt werden können, und entgrenzt auch die Aggression des Einzelnen. Meist findet die Aggression nur in der Fantasie statt, heute gern etwa in Form des Spielens an Ego-Shootern, aber bisweilen kommt es zu Amokläufen.

Die Wiederherstellung von Moral und sozialen Werten bedürfte vom libertären Standpunkt aus gesehen als erstes der Ausweitung unbeaufsichtigter Vergesellschaftungsmöglichkeiten für die nachwachsende Generation. Dies schließt wohlgemerkt nicht aus (sondern vielmehr ein), dass Kinder, die dabei fremdes Eigentum zerstören, sich gegenseitig oder dritte verletzten oder gefährden, darüber Rechenschaft abzulegen haben und zur Wiedergutmachung herangezogen werden. Die unbeaufsichtigte Vergesellschaftung ist – und war – keine Lizenz, ungestraft alles tun und lassen zu dürfen, was den Kindern in den Sinn kommt. Das Erleben, dass die Gesellschaft der Erwachsenen nicht nur von sinnlosen und unverständlichen, sondern auch von brauchbaren Regeln gekennzeichnet ist, ist für die Moralentwicklung des Kindes und des Jugendlichen ebenso notwendig wie das Erfinden eigener (angemessener) Regeln.

An diesem Punkt schließt sich der Kreis neu-kantanischer (transzendentalkritischer) Pädagogik, anarchistischer Vorstellung von Freiwilligkeit als Gestaltungsgrundlage aller menschlichen Gemeinschaft und piagetscher Entwicklungspsychologie.

»Bei aller Hilflosigkeit, bei aller Ausdrucksarmut aber verstehen wir den Säugling, verstehen wir ihn mit jedem neuen Tage besser, – Verstehen bleibt Aufgabe – wendet er sich in seinem Ausdruck an uns, tut er das mit wachsender Differenzierung des Gerichtetseins. [...] Ist der Säugling denn wirklich bloß Aggregat von Funktionen des ›Lebens‹? Ist er wirklich ein Bündel von Instinkten, wenn er so hilflos ist? [...] Bei den Eltern ›reagiert‹ der Säugling überhaupt nicht [...]. Die Eltern ›verstehen‹, was er ›meint‹. Sie setzen voraus, daß er überhaupt meinen kann. In unzähligen theoretischen Betrachtungen ›reagiert‹ er nur auf ›Reize‹. Alles ›Meinen‹, das er so offenkundig zum Ausdruck bringt, wird kaum beachtet, geschweige denn als wesentlich angesehen. In Wahrheit reagiert er überhaupt nicht, er kann es nicht einmal, selbst er es wollte, er wäre einfach kein Mensch. Seine Reaktion ist kein Effekt des Reizes, sondern grundsätzlich Meinen. Die Eltern haben zu suchen, was er im einzelnen meint. [...] Er könnte sonst nicht Erwachsener für die Gemeinschaft der Menschen ›werden‹.«[46]

46 Alfred Petzelt, *Kindheit, Jugend, Reifezeit* (1950-1954), Freiburg/Br. 1962, S. 27f.

Die anarchistische Kritik zwangsweiser Vergesellschaftung bedarf der Grundlegung der Möglichkeit freiwilliger Vergesellschaftung gleichsam vom Beginn des Lebens an und der Entwicklung hin zur Fähigkeit, sich seine Gesellschaft in freiwilliger Normsetzung zu schaffen. Die Petzeltsche Pädagogik ist verhaftet in der Beziehung des Zöglings zum Erwachsenen (Eltern, Lehrer). Piagets Kindergesellschaft, in der die »Aktivität des Ich« in freier Vergesellschaftung erprobt werden kann, läuft ins Leere, wenn den solcherart zu moralischem Urteil befähigten Erwachsenen dann die Freiwilligkeit wieder abgesprochen wird. Die Aktivität des Ich lässt sich fortsetzen und bewahren in anarchistischer Kritik gegenüber allen Institutionen, die der Freiwilligkeit Abbruch tun. Und bloß im Rahmen dieser Kritik ist Erziehung und pädagogisches Handeln als Bau an menschenwürdiger Gesellschaft möglich.

Radikale Nichtreformierbarkeit

[1] Dass die Hoffnungen der »Alternativ-« bzw. »Free-School-Bewegung« gescheitert sind, daran gibt es keinen Zweifel, obwohl das Image der öffentlichen Schulen seit Mitte der 1960er Jahre nicht besser geworden ist.[47] (Den Konservativen erscheint es im Rückblick gar, als sei zu jener Zeit die Schulwelt »noch in Ordnung« gewesen!) Michael Rossman, führender Vertreter der Free-School-Bewegung in den USA, sagte 1972 voraus, 1975 werde es an die 25 000 bis 30 000 Free Schools mit 2 Millionen Schülern geben.[47a] Stattdessen stagnierte die Zahl der Free Schools auch in den USA bei wenigen Tausend. In Deutschland erhielt die »Freie Schule Frankfurt« nach jahrelangen Prozessen eine Sonderzulassung mit Bestandsschutz,[48] ebenso wie einige wenige andere Überbleibsel aus der »anti-autoritären« Zeit. Derzeit gibt es wieder eine Handvoll illegaler freier Schulen in Deutschland, von einem nennenswerten Einfluss kann aber keine Rede sein. Die raren Erziehungswissenschaftler und Bildungsökonomen, die es angesichts dessen überhaupt für Wert hielten, sich mit Free-School-Gedanken und radikaler

47 Vgl. z. B. die Popularität von Lotte Kühn, *Das Lehrerhasserbuch: Eine Mutter rechnet ab*, München 2005. Kurt Singer, *Die Würde des Schülers ist antastbar*, Reinbek 2002. Viviane Cismak, *Schulfrust – 10 Dinge, die ich an der Schule hasse*, Berlin 2011.

47a Vgl. Allen Graubard, *Von freien Schulen zu »Erziehungsalternativen«*, in: John Case und Rosemary C. R. Taylor (Hg.), *Soziale Experimente in der Bewährung* (1979), Frankfurt/M. 1981, S. 127.

48 Vgl. Hartmut von Hentig, *Wie frei sind freie Schulen? Gutachten für ein Verwaltungsgericht*, Stuttgart 1985. Zum Selbstverständnis der FSF vgl. Marei Hartlaub, *Konzept der Freien Schule Frankfurt*, Norderstedt 2004.

Schulkritik der USA zu beschäftigen, leiteten zwei zentrale Thesen aus dem Scheitern der Bewegung ab:[49]

1. Ein Netz von dezentralen, nicht-öffentlichen und an den Bedürfnissen der Beteiligten – Schüler, Lehrer, Eltern – ausgerichteter Schulen wäre nicht in der Lage, eine stabile Versorgung der Gesamtgesellschaft mit ökonomisch, politisch, sozial und kulturell notwendigen Bildungsgütern zu gewährleisten. Denn die Schulen würden zu leicht und zu schnell zerfallen.[50] Darüber hinaus gäbe es kaum oder nur wenig Möglichkeiten, sicherzustellen, dass diese Schulen einen Mindeststandard erreichen.

2. Nicht-öffentliche Schulen könnten soziale Ausgewogenheit nicht garantieren. Sie stünden entweder bloß »den« Reichen offen, die es sich leisten können, Schulgeld zu bezahlen, oder sie seien auf zusätzliche öffentliche Mittel bzw. Spenden angewiesen. Auch damit würden sie für Instabilität anfällig, wie ebenfalls an der First-Street-School und ihrer Unfähigkeit abzulesen ist, nach zwei Jahren ihrer Existenz die weitere Finanzierung aufrecht zu erhalten.

Nicht nur die Kritiker der Free-School-Bewegung, auch deren Befürworter haben den ökonomischen Mechanismus nicht zur Kenntnis genommen, auf den Milton Friedman

49 Vgl. z. B. Achim Leschinsky / Peter Martin Roeder, *Schule im historischen Prozess*, Stuttgart 1976. Dietrich Goldschmidt / Peter Martin Roeder (Hg.), *Alternative Schulen? – Gestalt und Funktion nichtstaatlicher Schulen im Rahmen öffentlicher Bildungssysteme*, Stuttgart 1979. Theodor Ballauff, *Funktionen der Schule*, Weinheim 1982. Hartmut von Hentig, *Wie frei sind freie Schulen? Gutachten für ein Verwaltungsgericht*, Stuttgart 1985. Jürgen Diederich und Heinz-Elmar Tenorth, *Theorie der Schule: Ein Studienbuch zu Geschichte, Funktionen und Gestaltung*, Berlin 1997. Frank-Olaf Radtke und Manfred Weiß (Hg.), *Schulautonomie, Wohlfahrtsstaat und Chancengleichheit*, Opladen 2000. Die ganze pädagogische Literatur zeichnet sich durch hanebüchene ökonomische Unkenntnis aus.

50 Zum Beispiel: Am Ende der zwei Jahre als Lehrer in der First-Street-School schreibt George Dennison, er habe »die Nase voll« von Kindern.

schon Mitte der 1950er Jahre hingewiesen hat: Die fehlende Möglichkeit von Alternativen zur öffentlichen Schule liegt darin begründet, dass die öffentlichen Schulen ihre Einkünfte aus gesicherten Steuern beziehen, während die Alternativschulen darauf angewiesen sind, dass die Menschen über das in den Steuern enthaltene Schulgeld hinaus bereit sind, in das Wohlergehen ihrer Kinder zu investieren. Um die Chancen fair zu verteilen und eine Konkurrenz zwischen staatlichen (»öffentlichen«) und privaten Angeboten herzustellen, schlug Friedman vor, das Bildungsbudget in Form von Gutscheinen an die Eltern zu verteilen, die sie an den Institutionen ihrer Wahl einlösen könnten.[51] Konkret würde das dann so aussehen: Die Eltern von José, Eléna, Maxine usw. hätten das Geld, das der ihren Kindern zustehende Platz an der öffentlichen Schule kosten würde, in Form eines Gutscheins in die Hände bekommen. Falls ihre Kinder nicht die öffentliche Schule besuchten, hätten sie die Gutscheine z. B. an die »First Street School« (oder eine andere Einrichtung ihrer Wahl) geben können. Sofern es den Betreibern der »First Street School« gelungen wäre, die Kinder und deren Eltern kontinuierlich von ihrer Sinnhaftigkeit zu überzeugen, hätte es nie Finanzierungsprobleme gegeben.

Vgl. George Dennison, *Gestaltpädagogik in Aktion* (1969), Wuppertal 2006, z. B. S. 258 u. ö.

51 Milton Friedman, *Die Rolle des Staates im Erziehungswesen* (1955), in: ders., *Kapitalismus und Freiheit* (1962), Frankfurt/M. 2002. Da das Gutschein-System eine Verteilungsbürokratie voraussetzt, ziehe die Variante ich vor, Eltern, die ihre Kinder nicht zur öffentlichen Schule schicken, einen um die Kosten des jeweilig unbeansprucht bleibenden Platzes verringerten Steuersatz zu berechnen (und Eltern, die weniger bzw. keine Steuern zahlen, die etwaige Differenz auszubezahlen). Solche Feinheiten der Umsetzung spielen jedoch für die folgende Diskussion keine Rolle. Zur Übersicht und ausführlichen ökonomischen Diskussion der Varianten alternativer Bildungsfinanzierung vgl. Ulrich v. Lith, *Markt als Ordnungsprinzip des Bildungsbereichs*, München 1985.

Dieser einfache, praktikable, ausgewogene und in keiner Weise radikale Vorschlag wird besonders in der deutschen Erziehungswissenschaft fast einhellig abgelehnt und inhaltlich wenig diskutiert. Erfahrungen mit Gutscheinversuchen arbeitet man nicht auf, höchstens am Rande bemerkt, sie seien »gescheitert«. Erziehungswissenschaftler, Pädagogen und Bildungspolitiker, die noch in den 1970er Jahren die »Emanzipation von dem repressiven System« forderten oder sich heute in der Tradition dieser Forderungen sehen, mutieren angesichts des von Friedman vorgeschlagenen Gutscheinkonzepts zu entschiedenen Verfechtern öffentlicher Schulen, die den unwissenden Schülern und hilflosen bis böswilligen Eltern gegenüber darauf bestehen können, das »richtige Bewusstsein« zu vertreten.

Die Beschäftigung mit Milton Friedmans Gutscheinmodell ermöglicht es, den ökonomischen und politischen Rahmen für die pädagogische Freiheit des Experimentierens und der selbstorganisierten Bildung zu denken, den die Alternativ- und Free-School-Bewegung zur Entfaltung gebraucht hätte und an dessen Nichtexistenz sie gescheitert ist. Dabei trug sie zu diesem Scheitern insofern selber bei, als sie sich, von wenigen Ausnahmen wie zum Beispiel Christopher Jencks[52] abgesehen, mit den Finanzierungsfragen gar nicht ernsthaft auseinandergesetzt hat.

Unter den inzwischen weltweit recht vielfältigen Gutscheinversuchen befasse ich mich mit zwei gut dokumentierten Erfahrungen, die mir für die Diskussion besonders interessant erscheinen.

52 Christopher Jencks hatte 1972 in seinem aufsehenerregenden Report *»Inequality«* (dt. *Chancenungleichheit*, Reinbek 1973) die These aufgestellt und empirisch untermauert, die Ungleichheit in der Gesellschaft sei mit Schulpolitik nicht überwindbar. Er engagierte sich als Sozialist in den von der konservativen Nixon-Regierung unterstützten Experimenten mit Bildungsgutscheinen.

[2] Das größte Experiment mit den von Milton Friedman vorgeschlagenen Bildungsgutscheinen findet in Chile seit 1982 statt. Dieses Experiment wird von Gegnern der Entstaatlichung im Schulwesen bisweilen als Beispiel ins Feld geführt, um so mehr, da Chile noch der Geruch der faschistischen Militärdiktatur anhaftet. Ich brauche hier auf diesen Aspekt jedoch nicht weiter einzugehen, weil in Chile das System der Bildungsgutscheine auch nach dem Ende der Militärdiktatur fortbesteht.

Öffentliche Schulen sind in Chile Angelegenheit der Gemeinden: Die Gemeinden erhalten finanzielle Mittel des Zentralstaates in Abhängigkeit von der Schülerzahl ihrer Schulen. Öffentliche Schulen sind bezüglich der Binnenstruktur (z. B. Anstellung von Lehrern) autonom. Private Schulen erhalten den gleichen Betrag pro Schüler, wenn die Schulen entsprechend anerkannt sind und wenn das Einkommen der Eltern der Schüler unter einem gewissen Limit liegt. Alle Schulen in Chile – öffentliche, private gutscheinsubventionierte sowie private nicht-subventionierte Einrichtungen – sind am Ende der Pflichtschulzeit (achtes Schuljahr) gehalten, ihre Schüler an einem standardisierten Leistungs- und Fähigkeitstest teilnehmen zu lassen.

Ein Vergleich der Testergebnisse zwischen den öffentlichen und den gutschein-subventionierten privaten Schulen ergibt nach Ansicht einiger Forscher keine Überlegenheit privater Schulen, z. B. Patrick McEwan und Martin Carnoy; andere sehen allerdings eine solche Überlegenheit, z. B. Caroline Hoxby und Dante Contreras.[53] Aus den – in ihrer Fakten-

53 Patrick McEwan und Martin Carnoy, *The Effectiveness and Efficiency of Private Schools in Chile's Voucher System*, in: Educational Evaluation and Policy Analysis, 2000 (22/3). Caroline Hoxby, *Do Private Schools Provide Competition for Public Schools?*, National Bureau of Economic Research 1994. Dante Contreras, *Vouchers, School Choice and the Access to Higher Education*, Universidad de Chile 2002. Zur Übersicht vgl. Marcelo Caruso,

grundlage allerdings anzweifelbaren – Behauptungen von Patrick McEwan und Martin Carnoy ist abgeleitet worden, dass private Schulen entgegen der Erwartung von Milton Friedman keine höheren Leistungen als öffentliche Schulen hervorbringen würden.

Ungeachtet der Frage, welche Forscher Recht haben, ist die Schlussfolgerung nicht zwingend: Die öffentlichen Schulen sind in Chile echten Marktbedingungen unterworfen, d.h. sie haben keinen Vorteil gegenüber privater Konkurrenz. Die öffentlichen Schulen stehen im fairen Wettbewerb mit den privaten Schulen. Darum ist es anzunehmen, dass auch öffentliche Schulen sich verbessern oder aber eben vom Markt verschwinden. Diesen Effekt nenne ich nach dem Erfinder des Gutscheinsystems, Milton Friedman, den »Friedman-Effekt«. Derselbe Effekt zeigt sich auch im Wisconsin-Experiment, das im nächsten Abschnitt dargestellt wird. Dass der »Friedman-Effekt« in Chile greift, wird auch von den durchschnittlichen Testergebnissen belegt, die mit Ausnahme eines kurzen, erklärungsbedürftigen Einbruchs Ende der 1980er Jahre kontinuierlich 1980 bis 1996 angestiegen sind. In der Tat stimmen nach meiner Übersicht alle Beobachter – auch ausgesprochene Kritiker der Privatschulen – darin überein, dass das chilenische Schulsystem aufgrund der Regionalisierung und der Schulautonomie große Fortschritte gemacht habe.[54]

In Zeiten knapper öffentlicher Kassen wird mit dem Gutscheinsystem auch die Hoffnung verbunden, hohe Qualität zu günstigeren Preisen zu bekommen. Was sagt das Beispiel

Experimentierfeld einer neuen Regierbarkeit: Die Einführung von Bildungsgutscheinen in Chile und der Aufstieg von Bildungsexperten, in: Zeitschrift für Pädagogik 55 (2009) 1, S. 97-112

54 Vgl. Emiliana Vegas, *School Choice, Student Performance, and Teacher and School Characteristics: The Chilean Case*, World Bank 2002. In der Pisa-Studie liegt Chile in der Spitzengruppe von Lateinamerika (das ist inter-

Chiles bezogen auf die Kostenfrage? Patrick McEwan und Martin Carnoy gehen davon aus, Chile würde zeigen, dass private Schulen nicht kostengünstiger arbeiten würden als öffentliche Schulen. Um das im chilenischen Kontext herauszufinden, braucht man jedoch keine Statistik. Denn obwohl die Schulen um Schülerzahlen konkurrieren, können sie das nicht mittels eines niedrigen Preises tun – denn die Pro-Kopf-Summe für jeden Schüler ist nicht variabel. Mit anderen Worten: Es gibt gar keinen Anreiz, Schulbildung günstiger anzubieten. Diesen Effekt nenne ich »Niskanen-Effekt« nach William Niskanen; er hat das Nachfrageverhalten öffentlichen Gütern gegenüber systematisch erfasst: Nach seinem Theorem werden kosten- und gebührenfrei zur Verfügung gestellte (öffentliche) Güter so nachgefragt, als ob sie tatsächlich keine Ressourcen beanspruchen würden. Damit kommt es zu einer Überkonsumption öffentlicher Güter bei dem gleichzeitig vorherrschenden Gefühl, es gäbe von ihnen »zu wenig« (Freibier-Effekt). In den Bildungssystemen von Entwicklungsländern, in denen Privatschulen einen Anreiz für niedrige Kosten haben, lassen sich dagegen Einsparungen zwischen 20 % und 80 % beobachten.[55]

Zu einer Frage der Werthaltung kommt es in einem anderen Streitpunkt bezüglich des Chile-Experimentes. Es zeigt sich, dass die Wahlmöglichkeit der Eltern in Chile tendenziell zu verschiedenen Segregationen (»Absonderungen«) führt. Die öffentlichen Schulen werden von Kindern besucht, deren Eltern durchschnittlich einen etwas geringeren Sozialstatus haben als die Eltern der Kinder, die zu privaten gut-

national aber recht niedrig) gleich mit Kuba. Auch in sonstiger Hinsicht zeigt sich in den Pisa-Vergleichen, dass es jedenfalls keine enge Korrelation zwischen Schulsystem und Testergebnissen gibt. Testergebnisse sind wahrscheinlich nicht als Indikator für die Güte eines Schulsystems geeignet.

55 Marlaine Lockheed / Emmanuel Jimenez, *Public and Private Secondary Schools in Developing Countries*, Washington 1994.

schein-subventionierten Schulen gehen. Unter den Privatschulen gibt es überdies katholische, protestantische und anderswie weltanschaulich oder religiös geprägte Schulen. Dies wird von Pädagogen, die die Hauptaufgabe der Schule in der »Integration« sehen, abgelehnt. Jedoch lässt sich unschwer feststellen, dass erzwungene Integration zu größeren Problemen zwischen verschiedenen Bevölkerungsgruppen führt. Freiwillige Segregation führt paradoxer Weise zu mehr Integration als erzwungene Integration. Diesen Effekt nenne ich den »Mises-Effekt« nach Ludwig von Mises, der darauf in seinem Buch *»Liberalismus«* (1927) hingewiesen hat.[56] Übrigens: Im nordamerikanischen Kontext weisen die öffentlichen Schulen größere Segregation auf als private.[57] Die starke Segregation im öffentlichen US-Schulsystem hat seit den 1960er Jahren, in denen sie besonders thematisiert wurde, sich nicht reduziert – ganz im Gegenteil ist sie nach, trotz, vielleicht durch großangelegte und teure Integrations-Maßnahmen nur noch schlimmer geworden.[58]
Ein spezieller Kritikpunkt innerhalb des Segregations-Vorwurfs besagt zudem, dass Kinder engagierter Eltern von der Möglichkeit profitieren, die Schule ihrer Wahl zu besuchen, während die übrigen Kinder »zurückbleiben«. Dies wäre vor allem Folge davon, dass gute Schüler in guten Schulen zusammen kämen und sich dort gegenseitig förderten. Um dem Effekt entgegen zu wirken, vertreten manche Kritiker

56 Ludwig von Mises, *Liberalismus* (1927), St. Augustin 1993, S. 100ff, vgl. auch S. 96f.
57 Edwin G. West, *Education Vouchers in Principle and Practice: A Survey*, in: The World Bank Reseach Observer, Februar 1997.
58 »Since the early 1980s segregation of black children has reverted to its highest level since 1968.« Jonathan Kozol, *The Shame of the Nation: The Restoration of Apartheid Schooling in America*, New York 2005, S. 19. Vgl. auch Charles Murray, *Loosing Ground: American Social Policy, 1950-1980*, New York 1980.

die Meinung,[59] die Zusammensetzung der Schulen sollte durch »Zufall« bestimmt sein, um eine Durchmischung der Bevölkerung zu erreichen. Die Frage muss jedoch erlaubt sein, ob man guten Schülern tatsächlich auferlegen dürfte, dass ihr Lernerfolg durch störende und unzufriedene oder schlechte Klassenkameraden behindert wird. Die Erlaubnis, Schüler abzulehnen, die nicht in das Konzept einer Schule passen, ist Grundvoraussetzung für vernünftige Pädagogik: Jeder weiß, dass ein paar Störenfriede oder Uninteressierte genügen, um jeden sinnvollen Unterricht zu sabotieren. Dies nenne ich die »Goodman-Hypothese«.[60] Stellen wir uns einfach mal vor, George Dennison hätte den renitenten Stanley nicht der Schule verweisen dürfen! Eine weitere Anmerkung zum Chile-Experiment folgt aus der Goodman-Hypothese: In Chile herrscht trotz allem dennoch Zwangsschule mit Schulpflicht bis zum achten Schuljahr und Berechtigungswesen als Voraussetzung für den Berufszugang. Der Hypothese Goodmans zufolge ist die Schule jedoch nicht der beste Lernort für alle Kinder. Diejenigen Kinder, die im Kontext des chilenischen Gutscheinsystems »zurückbleiben«, sind eventuell als Opfer der Schulpflicht anzusehen. Ihre Zeit wird verschwendet sowie das Geld ihrer Eltern. Denn die Gutscheine werden schließlich aus Steuermitteln bezahlt, sodass wie überall im Staatsschulsystem der Schulbesuch nur kostenlos zu sein scheint. *»There Ain't No*

59 Vgl. Helen Ladd, *Market-based Reforms in Urban Education*, Washington 2002.
60 In *»Compulsory Mis-education«* (New York 1964; dt. *Das Verhängnis der Schule*, Frankfurt/M. 1975) fordert Goodman, Abschluss- mit Aufnahmeprüfungen zu ersetzten; d.h. nicht eine bestandene Abschlussprüfung solle zur Berechtigung führen, eine weiterführende (Bildungs-)Institution zu besuchen; vielmehr solle die Aufnahmeprüfung ohne Voraussetzung eines an einer anderen Institution gemachten Abschlusses als alleiniges Kriterium gelten.

Such Thing As A Free Lunch«, sagt Milton Friedman (Robert Heinlein zitierend): Umsonst ist nichts.

Alles in allem scheinen mir viele Kritiker des chilenischen Gutscheinsystems von *test scores* besessen zu sein. Über den Lebenserfolg, den die Schüler der Schulen haben, liegen mir keine Statistiken vor. Wohl aber über die Zufriedenheit der Schüler, Lehrer und Eltern mit ihren Schulen: In Systemen, die freie Schulwahl ermöglichen (nicht nur in Chile), ist die Zufriedenheit hoch.[61] In der Tat sollte wichtigstes Kriterium der Beurteilung von Bedingungen des Aufwachsens sein, wie zufrieden alle Beteiligten sind – darin eingeschlossen ist natürlich, dass eine Schule ihren Schülern dabei helfen soll, im weiteren Leben gut klar zu kommen.

[3] Der sozialpolitische Effekt der Bildungsgutscheine kann noch genauer in einem Experiment in Wisconsin, USA, beobachtet werden. Die Ökonomin Caroline M. Hoxby hat jenes Experiment wissenschaftlich begleitet.[62] Das Experiment in den 1990er Jahren sah vor, dass Eltern von sozial benachteiligten Kindern in Brennpunktgebieten das Geld, das der Staat für Schulbildung aufwenden würde, in Form von Gutscheinen bekommen. Solche Gutscheine konnten sie an Institutionen ihrer Wahl einlösen. Im Gegenzug erhielten die öffentlichen Schulen der am Experiment beteiligten Bezirke keine unmittelbaren Zuwendungen des

61 Gregory Elacqua und Matías Martínez, *When Expectations are not Fulfilled: School Choice in Chile*, Santiago de Chile 2012; die Tabelle S. 30 zeigt jedoch, dass die Privatschulen den staatlichen immer noch überlegen sind. Zu den USA vgl. Lindsey M. Burke und Rachel Sheffield, *School Choice in America 2011*, in: Backgrounder, No. 2597, August 17, 2011, S. 18ff. Sarah Grady und Stacey Bielick, *Trends in the Use of School Choice: 1993 to 2007*, U.S. Department of Education, Washington, DC 2010, S. 31f. Eher überrascht hier die Höhe der Zufriedenheit mit den öffentlichen Schulen.

62 Caroline Hoxby, *School Choice and School Productivity*, National Bureau of Economic Reseach, Working Paper 8873, April 2002.

Staates mehr, sondern im Verhältnis zu der Zahl der Kinder, die sie unterrichteten.
Diese Situation entspricht genau dem Szenario, das Kritiker der Bildungsgutscheine fürchten: Sie gehen davon aus, dass die Besten der Kinder bzw. die der engagierten Eltern von interessierten Schulen »abgesahnt« würden, während die schlechtesten – vernachlässigtsten – Schüler zurückbleiben. Das ist im öffentlichen Schulsystem ja ohnehin Gang und Gäbe: Engagierte ebenso wie »karriereorientierte« Eltern setzen alles daran, dass ihre Kinder zu ihrer Meinung nach »guten« Schulen gehen. Auf diese Weise entstehen überhaupt erst sogenannte »Brennpunkt«-Schulen.
Hoxby hat nicht die Schulen untersucht, zu denen Kinder hin »abwandern«, sondern die, die Auffangbecken für die zurückbleibenden Kinder bilden: deren Eltern keine aktive Wahl einer anderen Institution getroffen haben bzw. die von keiner anderen Institution aufgenommen worden sind.
Der Maßstab der Untersuchung waren die Ergebnisse von standardisierten Tests (die ähnlich funktionieren wie die Tests der Pisa-Studien). Dieser Rückgriff auf standardisierte Tests mit aller ihrer Problematik mag pädagogisch wenig einfallsreich erscheinen. Das entwertet aber die Ergebnisse von Hoxby nicht, sondern sollte Bildungsforscher dazu anregen, intelligentere und differenziertere Verfahren zu entwickeln. Immerhin legt Hoxby die durchschnittlichen Testergebnisse der ganzen Schule zugrunde und unterscheidet nicht zwischen »schlechten«, »mittleren« und »guten« Schülern, die nach der weiterhin gültigen pädagogischen Standardmeinung in dem Sinne einer »Normalverteilung« (25:50:25) vorkommen »sollten«. Derart ist die Ökonomin pädagogisch aufgeklärter als die meisten Pädagogen.
Die Leistungsstärke der Kinder in der Vergleichsgruppe ist höher als die der betroffenen Schulen. Dies ergibt zwangs-

Tabelle 1		Ergebnisse 4. Schuljahr		jährliche
Fach	Schulstatus	1996-97	99-2000	Veränderung
Mathe	betroffene Schulen	34,5	53,3	+6,3
	Vergleichsgruppe	50,0	60,6	+3,5
Lesen	betroffene Schulen	44,2	46,5	+0,8
	Vergleichsgruppe	59,0	55,0	−1,3

Tabelle 2		Produktivität		jährliche
Fach	Schulstatus	1996-97	99-2000	Veränderung
Mathe	betroffene Schulen	4,18	6,09	+0,64
	Vergleichsgruppe	5,65	6,65	+0,33
Lesen	betroffene Schulen	5,35	5,31	−0,01
	Vergleichsgruppe	6,68	6,04	−0,21

Oben gebe ich ausgewählte, repräsentative Zahlen aus dem umfangreichen Material der Hoxby-Studie (2002) wieder. Mit »betroffenen Schulen« ist gemeint, dass diese öffentlichen Schulen innerhalb eines Bezirks liegen, der Eltern die Möglichkeit bietet, einen Bildungsgutschein zu erhalten, wenn ihre Kinder nicht die öffentliche Schule besuchen. Die »Vergleichsgruppe« wird aus Schulen gebildet, die in einem sozioökonomisch ähnlich strukturierten Bezirk liegen, der aber keine Bildungsgutscheine ausgibt. Die »Ergebnisse« wurden in standardisierten Tests ermittelt. Die »Produktivität« setzt die Testergebnisse ins Verhältnis zu den Ausgaben (Testpunkt pro tausend Dollar): Je größer die Verhältniszahl mit um so weniger Kosten war es verbunden, Testpunkte zu erzielen.

läufig sich daraus, dass an dem Experiment ausdrücklich nur Schulen beteiligt waren, die in sozialen Brennpunkten lagen. Entscheidend ist jedoch, dass die in das Experiment einbezogenen Schulen im Verlauf des Experiments die Leistungsstärke der Kinder deutlich *erhöhen* konnten und zwar *mehr* als die der Vergleichsgruppe. Bezüglich Lesefähigkeit hat die Leistung in der Vergleichsgruppe sogar *ab*genommen, während sie in der Gruppe der betroffenen Schulen (leicht) *zu*genommen hat.

Damit das nicht als ein Effekt von eventuell erhöhten Geldmitteln gedeutet werden kann, sehen wir uns die gleichen Fakten dargestellt als »Produktivität« an. Unter »Schulproduktivität« versteht Hoxby die Testergebnisse bezogen auf die Ausgaben: Produktivität wird von ihr gemessen als Testpunkt pro tausend Dollar Ausgabe für jeden Schüler. Je größer die Verhältniszahl, desto so höher die Produktivität. Auch hier könnte man sich ein feinsinnigeres Maß für die Schulproduktivität wünschen. Das von Hoxby entwickelte Maß ist, bis ein besseres vorgelegt wird, ein erster Ansatz, um die Produktivität von Schulen zu untersuchen.

Das Ergebnis von Tabelle 2 ist deckungsgleich mit dem aus der Tabelle 1: Die Vergleichsgruppe ist »produktiver« (die Schüler bringen einen bildungsfreundlicheren Hintergrund mit, sodass es einfacher und damit auch kostengünstiger ist, sie zu unterrichten), die in das Experiment einbezogenen Schulen holen aber deutlich auf. Bezüglich des Lesenlernens (das in den USA seit Jahrzehnten eine besondere schwierige Situation darstellt) ist der Abfall der Produktivität anders als in der Vergleichsgruppe geringer. Verknüpfen wir Tabelle 2 mit Tabelle 1, so zeigt sich, dass die in das Gutscheinsystem einbezogenen Schulen durch *geringfügig* erhöhten Einsatz von Geldmitteln die Lesefähigkeit ihrer Schüler steigern konnten, während in der Vergleichsgruppe *trotz* deutlich

größerem Einsatz von Geldmitteln die getestete Lesefähigkeit sogar noch abgenommen hat.
Wie lässt sich das Ergebnis der Hoxby-Studie deuten? Die öffentlichen Schulen haben innerhalb dieses Experimentes die Wahl, entweder zunehmender Abwanderung tatenlos zuzusehen, die letztendlich in der Schließung der Schule und Entlassung der Lehrer münden würde, oder aber aktiv zu werden und zu versuchen, die Eltern und Schüler zu überzeugen, in dieser Schule zu verbleiben. Während über Jahrzehnte hinweg die Lehrerfunktionäre in den USA (wie auch in Deutschland) davon gesprochen haben, ein Verbesserung der Bildung gerade der Unterprivilegierten sei nur mit mehr und noch mehr Geld zu erreichen, schafften es die Lehrer in den vom Gutscheinplan betroffenen Schulen innerhalb von wenigen Jahren, sensationelle Erfolge bei unterprivilegierten, bildungsfeindlichen Schülern zu erreichen. Dafür geben sie *nicht* mehr, sondern eher *weniger* Geld aus.

[4] Das Gutscheinmodell von Milton Friedman würde es den experimentierfreudigen Lehrern, Eltern und Schülern erlauben, pädagogische Ideen und Innovationen auszuprobieren, ohne dass denjenigen Menschen, die an dem Hergebrachten festhalten möchten, irgendetwas aufgezwungen würde: Sie könnten einfach so weitermachen wie gewohnt. Sozial nachteilige Folgen sind nach vorliegenden Erfahrungen nicht zu erwarten. Auch die Bildungsbudgets des Staates würden gar nicht größer werden müssen. Solche Ideen vertrete ich seit fast vierzig Jahren. Alle jene Jahre habe ich die Erfahrung gemacht, dass Argumente für die Entstaatlichung von Schulen schlichtweg ignoriert werden. So konnte ich zum Beispiel wiederholt darauf hinweisen, dass ein steuerfinanziertes öffentliches Schulwesen keineswegs sozial gerecht sei, die nachfolgende Diskussion jedoch

drehte sich stets darum, dass man sich aus sozialpolitischen Gründen keine Entstaatlichung der Schule denken könne. Das hätte ich verschmerzen können, wenn jemand sich die Mühe gemacht hätte, mein Argument zu widerlegen. Auf diese Mühe warte ich bis heute. Die soziale Funktion der Schule wird immer noch unhinterfragt vorausgesetzt, ohne dass es eines Beweises bedürfte. Vielmehr sind die wenigen bisherigen Versuche, staatlichen Einfluss in bescheidenstem Ausmaße zurückzufahren, dahingehend ausgelegt worden, dass die Hamburger Erziehungswissenschaftlerin Ingrid Lohmann schon im Jahre 1999 mir »zurufen« zu müssen meinte, für eine anarchistische Kritik der Schule sei es zu spät, weil der Staat bereits überall sich aus seiner »Bildungsverantwortung« heraus stehlen würde.[63]
Andererseits gibt es durchaus heftige Kritik an der Schule, besonders nach dem sogenannten Pisa-Schock. Die Schule würde nicht mehr tun, was man von ihr erwarte, nämlich die für das Leben und besonders für den Beruf angemessene Grundlage bei den jungen Menschen zu schaffen. Doch die »Kritik« mündet allenthalben in der Forderung nach einer Veränderung der öffentlichen Schule. In den folgenden Abschnitten möchte ich der Frage nachgehen, warum das so ist. Meine Frage lautet: Wie schafft es das abstrakte Prinzip der Staatsschule, sich unangreifbar zu machen, während gleichzeitig die konkrete Schulwirklichkeit so heftig attackiert wird? Es hat nämlich meiner Erfahrung nach gar keinen Zweck, noch so durchdachte Blaupausen von Alternativen zur öffentlichen Schule vorzulegen, wenn die Bereitschaft, die Staatlichkeit der Schule als Prinzip ernsthaft zu erwägen, nicht vorhanden ist. Die Antwort auf die Frage nach dem Erfolg des Staatsschulprinzips besteht aus vier miteinander

63 I. Lohmann, *Strukturwandel der Bildung in der Informationsgesellschaft*, in: Gogolin / Lenzen (Hg.), *Medien-Generation*, Opladen 1999, S. 184.

verzahnten Funktionen der Schule. Die Analyse jeder der Funktionen beziehe ich auf die aktuelle Bildungspolitik. Die vier Funktionen sind 1. Bevormundung, 2. Selektion und Überwälzung von Kosten, 3. Regelung des Berufszugangs durch das Berechtigungswesen und 4. Chancengleichheit.

Bevormundung. In einer Berliner Realschule wird Deutsch als Pflichtsprache auf dem Schulhof eingeführt. Ein Bundestagsvizepräsident, SPD, findet das gut. Die konservative Tageszeitung »Die Welt« applaudiert dieser Fantasie von Zwangsintegration.[64] Der Koordinator für Sprachförderung beim Berliner Senat schreibt dazu in der »Welt«, Schule sei der einzige *(sic)* Ort, wo viele Kinder Deutsch lernten. Nur ein paar versprengte linke und grüne Politiker sowie einige Vertreter von ausländischen Volksgruppen kritisieren die Entscheidung der betreffenden Realschule und sehen in »Deutsch als Pflichtsprache auf dem Schulhof« nicht das geeignete Modell.[65]

Vom freiheitlichen Standpunkt aus könnte man fragen: Warum nicht den Schulen freistellen, wie sie das wirkliche oder vermeintliche Sprachproblem lösen wollen? Warum nicht dann, wenn es alternative Angebote gibt, Eltern oder sogar die Schüler selber entscheiden lassen, welches das bessere Modell für sie ist? Der freiheitliche Standpunkt ist scheinbar nicht sehr attraktiv, denn er wird von kaum jemandem vorgebracht, auch und besonders von konservativen Bildungsexperten nicht, die so gern vom Elternrecht reden, wenn es darum geht, das Einheitsschulsystem in seiner besonderen Form der Dreigliedrigkeit zu verteidigen.

64 Kommentar in »Die Welt« vom 25. 1. 2006, Titelseite. Die Namen der Beteiligten bleiben absichtlich ungenannt, denn die Aussagen werden hier exemplarisch behandelt.

65 In der gleichen Ausgabe der Welt auf Seite 8. In der Ausgabe vom 26. 1. 2006 gibt es eine sehr versteckte kleine Meldung, ein Lehrerverband hätte auch Bedenken angemeldet.

Um herauszufinden, warum der freiheitliche Standpunkt als ziemlich unattraktiv erscheint, analysiere ich die erwähnte Aussage des Koordinators für Sprachförderung der Berliner Senatsverwaltung für Bildung, Jugend und Sport: »Die Schule ist der einzige Ort, wo viele Kinder Deutsch lernen.« Genauer betrachtet, ist der Satz dreist. Die Muttersprache wird zunächst im Elternhaus und dann unter Gleichaltrigen gelernt. Kinder, die in einer Umgebung leben, in der die Anderen nicht ihre Muttersprache sprechen, lernen von den Gleichaltrigen die Fremdsprache. Im Alter von ungefähr drei bis 12 Jahren brauchen sie dazu, wenn sie denn Interesse haben, wenige Wochen. ... *wenn sie denn Interesse haben* ... Der Satz des Berliner Koordinators für Sprachförderung deutet in diesem Zusammenhang darauf, dass ein solches Interesse offenbar nicht vorliegt. Darum solle die Schule eingreifen. Es geht, kurz gesagt, um *Bevormundung*. Diese Bevormundungsabsicht wird aber nicht als solche bezeichnet, sondern verkleidet sich als »eigentliches« Interesse der Kinder, die das allerdings anscheinend nicht erkennen. Der Satz müsste also lauten: »Die Schule ist der einzige Ort, an welchem wir die Kinder zu ihrem eigenen Besten zwingen können, Deutsch zu lernen, wenn sie nicht – wie es natürlich wäre – es von sich aus tun.«
Dieser Bevormundungsaspekt macht die öffentliche Schule attraktiv: Man meint, mit Hilfe der Schule dasjenige Gesellschaftsmodell durchsetzen zu können, das man für richtig hält. Nicht, weil die Schule versagen würde, dieses Ziel zu erreichen, wird an ihr so verbissen festgehalten, sondern weil sie sehr effektiv bei der Bevormundung ist. Allerdings will man diese Effektivität noch weiter steigern, indem letzte Zufluchtsstätten des autonomen kindlichen Handelns und Lernens angegriffen werden. Die Forderung, auf dem Schulhof deutsch zu reden, könnte offensichtlich bloß dergestalt

umgesetzt werden, dass man die Gespräche der Kinder bis in die privatesten Bereiche hinein überwacht und ausgedehnte Systeme von Denunziantentum installiert.[66]

Wenn es gegen den Bevormundungsaspekt der Schule nur geringen Widerstand von betroffenen Eltern und Schülern gibt, so darum, weil sie akzeptieren, dass die Unterdrückung letztlich zu »ihrem Besten« geschieht. Die Schule vertritt die Interessen der Kinder in Hinsicht ihrer Zukunfts- und Berufsaussichten. Niemand mehr hat heutzutage Chancen im Leben, es sei denn durch eine gelungene Schulbildung. Bezogen auf die Güte und die Zukunftsfähigkeit der Schulbildung gibt es allerdings weitverbreitete Kritik. Schauen wir uns die Kritik an mangelnden berufsqualifizierenden Qualitäten der Schulbildung als nächstes etwas genauer an und fragen uns, warum nicht wenigstens diese Kritik zu Veränderung oder zur Entwicklungen von Alternativen führt.

Selektion und Kostenüberwälzung. Meiner Analyse lege ich die Bemerkung eines Ausbildungsverantwortlichen einer Bank zugrunde. Die Presse zitierte ihn mit der resignativen Bemerkung, von 100 Bewerbungen kämen schon 80 Prozent darum schlichtweg nicht in Betracht, weil das Anschreiben orthografische Fehler enthalte.[67] Bei den Bewerbern handle es sich übrigens um Abiturienten. Sagt das nicht alles über das Ungenügen der Schule? »Pisa« lässt also grüßen. Genauer betrachtet offenbart die Bemerkung des Ausbildungsverantwortlichen ganz andere Dimensionen der Debatte. Ich stelle zwei Fragen, die schnell zeigen, dass bei der Klage

66 Zu der entwicklungspsychologischen Dimension von eingeschränkten Freiräumen unüberwachter kindlicher Selbstvergesellschaftung vgl. oben das Kapitel über Jean Piaget, S. 83ff.

67 IHK-NRW-Pressemeldung 2000 (zum IHK-Eignungstest). IHK-Ulm 02. 06. 2002. Monster Karriere-Journal 21. 02. 2006. Vgl. auch Sven Buttelmann, *Duales System auf dem Prüfstand: Das Problem der Ausbildungsreife*, Diplomarbeit Hamburg 2000.

über das Versagen der Schule es um nichts anderes als um Heuchelei und Krokodilstränen sich dreht.

1. Erste Frage: Wie viele Ausbildungsplätze waren denn ausgelobt? Antwort: 10 (zehn).

Also: Auch wenn alle Bewerber ein korrektes Anschreiben abgeschickt hätten, wären eben nicht mehr als genau zehn von ihnen genommen worden. Die 80 Bewerber, die aufgrund orthografischer Fehlerhaftigkeit ihres Anschreibens abgewiesen wurden, hätten selbst mit einer besseren Schulbildung keinen Ausbildungsplatz von der Bank bekommen. Der Ausbildungsverantwortliche hat 20 Bewerber in die engere Wahl gezogen und von ihnen dann zehn ausgewählt. Wenn nun alle 100 Bewerber eine in seinen Augen bessere Schulbildung gehabt hätten, hätte der Ausbildungsbeauftragte schlicht ein anderes Kriterium als das orthografischer Richtigkeit der Anschreiben erfinden müssen, um eine Vorauswahl zu treffen, es sei denn, er wäre bereit, fünf mal mehr Bewerber unter die Lupe zu nehmen. Sogar wenn er hierzu bereit gewesen wäre, hätten am Schluss nicht mehr als eben die vorgesehene zehn einen Ausbildungsvertrag bekommen. Die Aussage, mit besserer Schulbildung habe man größere Chancen, bleibt für jeden Bewerber in der individuellen Perspektive richtig. Aus ihr darf jedoch gerade nicht abgeleitet werden, dass es weniger Jugendliche ohne Ausbildungsplatz oder weniger Arbeitslose gäbe, wenn bloß die Schulbildung der Ausbildungsplatz- bzw. Arbeitslosen besser wäre. Genau diese Einsicht drückt sich auch in den Forderungen nach schärferer Auslese und Leistungsorientierung in Schulen aus: Wenn weniger Schüler Abitur machen würden, hätte dem besagten Ausbildungsbeauftragten der Bank anstatt 100 vielleicht nur die 20 Bewerbungen vorgelegen, die keine orthografischen Fehler enthalten. Die anderen Jugendlichen hätten dadurch jedoch keine höheren Chancen auf einen

Ausbildungsplatz. Dem Ausbildungsbeauftragten dagegen wäre Arbeit erspart geblieben. Die Schule soll selektieren, damit so viele qualifizierte Bewerber zur Verfügung stehen, wie gebraucht werden.[68] Das ist Planwirtschaft im Bereich des »Humankapitals«.

2. Nun zu der zweiten Frage: Was würde unser Ausbildungsbeauftragter tun, hätte er 30 Stellen zu besetzen? Es standen ihm ja nicht mehr als 20 Bewerber zur Verfügung, die über seiner Meinung nach hinlängliche orthografische Fähigkeiten verfügten. Die 10 verbleibenden Stellen wären offen geblieben? Nein, jedenfalls nicht, wenn sie für das Unternehmen wirklich nötig sind.

Die Antwort auf die Frage, was der Ausbildungsbeauftragte tun würde, wenn er mehr als die 20 Stellen besetzen müsste, erfordert ein bisschen Kreativität und etwas Wühlen in der Geschichte. Wir suchen Zeiten, in denen Vollbeschäftigung und Arbeitskräfteknappheit geherrscht hatten. – Eine erste Möglichkeit für unseren Ausbildungsverantwortlichen bestünde darin, die verschiedenen Arbeitsplätze daraufhin zu untersuchen, an welchen orthografische Fähigkeiten unverzichtbar sind und an welchen nicht so wichtig. Diese erste Möglichkeit verweist auf die Einsicht, dass die Auswahlkriterien der Stellenbesetzung nicht objektiv gegeben sind, sondern zumindest in gewissem Ausmaße den Umständen angepasst werden können. Eine zweite Möglichkeit wäre es, die Bewerber daraufhin anzuschauen, bei welchen es aussichtsreich sein könnte, ihnen durch eine Weiterbildung die fehlenden Fähigkeiten zu vermitteln. Diese zweite Möglichkeit ist in doppelter Weise erhellend: Zum einen zeigt sich

68 Meine Reverenz gegenüber Heinz-Joachim Heydorn, dem konservativ-libertär-marxistischen Bildungstheoretiker (vgl. z. B. *Zu einer Neufassung des Bildungsbegriffs*, Frankfurt/M. 1972, S. 83f).

69 Von Milton Friedman 1955 erstmals formuliert (Privatschulen sind den

hier wiederum, dass es den erwähnten planwirtschaftlichen »Anspruch« gibt, in der Schule so viele geeignete Bewerber zu produzieren, wie gebraucht werden; zum anderen dass die steuerfinanzierte Bildung eine Überwälzung von Kosten auf die Allgemeinheit darstellt.

Anstatt darüber zu jammern, dass die Schule nicht in der gewünschten Weise für das Berufsleben qualifizieren würde, könnten die Eltern, Arbeitgeber und Jugendlichen selber eigenfinanzierte Alternativen suchen oder, wenn es sie noch nicht gibt, aufbauen. Aber es ist ja viel »praktischer«, auf Kosten der Allgemeinheit so viel Qualifikation wie möglich erlangen zu wollen und bloß den übrig bleibenden Rest mit eigenen Geldmitteln zu finanzieren.

Selbstredend stehen die eigenfinanzierten Alternativen zur Schule unter der ökonomischen Restriktion des Friedman-Theorems[69] – sie müssen nämlich gegen die scheinkostenlosen öffentlichen Angebote konkurrieren. Am Rande bemerkt: Das Theorem trifft nur zu, wenn die Qualifikationsleistung eines scheinkostenlosen öffentlichen Angebotes mehr als Null beträgt, also nicht völlig versagt. Vor allem aber erklärt das Friedman-Theorem nicht, warum es keine öffentliche Diskussion über Entstaatlichung gibt. Denn wenn die steuerfinanzierte öffentliche Schule sowohl teuer als auch nicht in der Lage ist, angemessen zu qualifizieren, wäre die logisch einleuchtende Antwort doch diejenige der Entstaatlichung. Die Forderung nach Entstaatlichung wird jedoch nicht gestellt, weil die Kräfte, die die politische Diskussion beherrschen, zumindest subjektiv meinen, von der Steuerfinanzierung zu profitieren.

öffentlichen Schulen gegenüber nicht konkurrenzfähig, weil öffentliche Schulen ihre Leistung scheinkostenlos anbieten). Dann in der Sammlung *»Kapitalismus und Freiheit«* (1962), Frankfurt/M. 2002. Zur Diskussion vgl. oben die Abschnitte [2] und [3].

Berechtigungswesen. Ein weiteres Element, das die öffentliche Schule zum unangefochtenen Erfolgsmodell macht, ist im obigen, auf Überlegungen Paul Goodmans basierenden Hinweis enthalten, es gäbe keinen anderen Zugang mehr zu beruflichen Chancen als die Schulbildung.
Es ist üblich, dies als gleichsam »natürliche« Gegebenheit der industriellen Entwicklung zu kennzeichnen. Inwiefern dies nicht die einzige Interpretationsmöglichkeit darstellt, möchte ich an der Aussage eines anderen Ausbildungsbeauftragten deutlich machen. Diese allerdings steht dem Mainstream der Überzeugungen entgegen. Bei ihr handelt es sich überdies um eine persönliche Mitteilung aus dem Bereich der Maschinenbaubranche. Vor noch nicht allzu langer Zeit konnte man mit dem Hauptschulabschluss Maschinenbauer werden. Heute ist ein Abitur notwendig. Die betrieblichen Arbeiten könnten laut diesem Ausbildungsbeauftragten jedoch immer noch Hauptschüler ebensogut übernehmen. Das Problem besteht darin, dass sie die Berufsschule nicht schaffen würden. Darum werden Abiturienten genommen. Während aber Maschinenbauer für einen Hauptschüler ein attraktiver Beruf darstellt und sich dementsprechend früher die besten Hauptschüler beworben haben, erscheint es den Abiturienten weniger anstrebenswert, diesen Beruf zu ergreifen, und dementsprechend bewerben sich jeweils die schlechtesten, also anderswo chancenlosen Abiturienten. Hauptschüler haben keine Chance mehr, sodass jeder, der Maschinenbauer werden will, das Abitur ablegen muss. Auf diese Weise schafft die Ausbildungsordnung die Nachfrage nach Schulunterricht ganz unabhängig von einer *sachlichen* Notwendigkeit.
Ins Allgemeine übertragen nennen wir dies *Berechtigungswesen.* Das Berechtigungswesen ist ein äußerst machtvolles Instrument, mit dem die Schule sich unabdingbar macht

und zwar immer diejenige Schulform, die die angestrebte Berechtigung zu verleihen in der Lage ist. Dann sieht es so aus, als sei die Schule »notwendig«. Sie ist es auch vom individuellen Standpunkt aus betrachtet, muss es aber vom gesellschaftlich-wirtschaftlichen Standpunkt her nicht sein. Nehmen wir den vorhin behandelten Aspekt von Knappheit des Arbeits- bzw. Ausbildungsplatzangebotes hinzu, ergibt sich eine Spirale, in der immer mehr Schule als notwendig erscheint: Weil die vorhandenen Arbeits- und Ausbildungsplätze von den jeweils schulisch am höchsten Qualifizierten eingenommen werden, müssen alle, die eine Chance haben wollen, nach höchstmöglichen schulischen Qualifikationen streben. Da diese überdies noch scheinkostenlos angeboten wird, gibt es kaum eine Grenze für die Ausdehnung der Nachfrage nach schulischen Qualifikationen.

Aus dem Berechtigungswesen ergibt sich zusammen mit der Scheinkostenlosigkeit eine stark egalisierende Tendenz. Da die Schule jedoch ebenso eine selektive Funktion hat, wie sich oben gezeigt hat, muss sich der Leistungsdruck auf die Schüler unausweichlich erhöhen. – Widerspricht dieses Ergebnis meiner Analyse aber nicht der angesprochenen verbreiteten Klage über die »Leistungsschwäche« der Schüler bzw. das Versagen der Schulen? Keineswegs. Denn aufgrund der beschriebenen Spirale der Höherqualifizierung sind die Ansprüche enorm gestiegen. Vergleicht man heutige Abiturarbeiten mit denen von vor 20, 30 oder gar 50 Jahren, dann stellt sich heraus, dass kaum einer der früheren Absolventen heute auch nur die geringste Chance hätte, selbst wenn die Orthografie früher regelgerechter gewesen sein mag (doch selbst das ist fraglich).[70] Schärfer tritt dies bei akademischen

70 Vgl. z. B. Gustav Keller, *Das Klagelied vom schlechten Schüler*, Heidelberg 1989: Asanger. – Jeder kennt das als das Drama der Eltern, die bei Hausaufgaben helfen sollen, das aber fachlich nicht zu leisten vermögen. – Auch

Arbeiten hervor. Noch in den 1970er Jahren wurden Dissertationen (!) akzeptiert, die heute kaum als Seminararbeiten durchgehen würden.[71]

Sozialpolitik und Chancengleichheit. Wie angekündigt bleibt ein weiteres, das vierte Element, welches die Staatsschule unangreifbar zu machen scheint, zur Analyse übrig. In der Erziehungswissenschaft ist es das wichtigste, in der öffentlichen Diskussion gegenüber der Qualifikation aber zurückgetreten. Es hängt mit der erwähnten Steuerfinanzierung der Staatsschule zusammen und handelt von der *Chancengleichheit.* Die öffentliche Schule würde es, so wird argumentiert, Kindern von weniger finanzstarken Schichten ermöglichen, die ihnen angemessene Schulbildung zu erhalten, auch wenn ihre Eltern sich das eventuell nicht würden leisten können. Insofern ist dieses Argument nur das sozialdemokratische Gegenstück des bereits abgehandelten Wunsches der Unternehmen, die Ausbildungskosten auf die Allgemeinheit zu überwälzen. Hier nun sollen die Kosten für die Kinder von weniger verdienenden Eltern auf die Allgemeinheit überwälzt werden. Allerdings ist das Argument nur unter zwei Voraussetzungen wirklich stichhaltig, nämlich

1. Schulausbildung ist für Berufschancen »notwendig«. Ich habe gezeigt, dass dies kein objektives Erfordernis, sondern ein Ausfluss des Berechtigungswesens ist.
2. Die Ausbildungskosten sind bereits von Unternehmen auf die Allgemeinheit überwälzt worden.

Darüber hinaus vermag das sozialpolitische Argument für sich allein genommen noch nichts gegen Entstaatlichung auszurichten. Denn es ist ja leicht vorstellbar, dass Privat-

in der Hoxby-Studie von 2002 ist für den Zeitraum ab 1995 kein genereller Leistungsabfall zu verzeichnen.

71 Eigene Untersuchung (Zeitraum von 1950 bis 1985, im Fachbereich Pädagogik / Erziehungswissenschaft).

schulen ihre Angebote machen und die Familien, die die Angebote sich nicht leisten könnten, die entsprechende Unterstützung erhalten. Ich erwähne das nicht, weil ich ein solches System der Umverteilung durch Bildungsgutscheine für erstrebenswert halte, sondern weil es zeigt, dass ohne Hinzunahme weiterer Annahmen das sozialpolitische Argument gegen die Entstaatlichung stumpf bleibt. Der Aspekt, der hinzu kommt, schließt den Kreis zum Anfang: Weniger verdienende Eltern, so wird es von Erziehungswissenschaftlern und Sozialpolitikern gesagt, würden hinsichtlich der Schulbildung ihrer Kinder schlechte Entscheidungen treffen. Die öffentliche Schule sei notwendig, um diesen Eltern gerade keine Entscheidungsfreiheit zu lassen. Damit wiederum sind wir bei der Bevormundungsfunktion der Schule.

[5] Obwohl eine Entstaatlichung des Schulwesens in der Diskussion weitgehend tabuisiert ist, erfreuen sich Versatzstücke der Schulkritik einer großen Beliebtheit bei Bildungspolitikern (bei Erziehungswissenschaftlern allerdings nicht mehr). Öffentliche Schulen, ist zu hören, sollten »professionell gemanagt werden wie Unternehmen«.[72] Die Realität allerdings sieht anders aus: Selbst Autoren, die wie Ingrid Lohmann den »Rückzug« des Staates aus dem Schulwesen bekämpfen, legen uns Zahlen vor, die das Gegenteil belegen.[73] Was es mit dieser Merkwürdigkeit auf sich hat, zeigt exemplarisch die Einlassung Peter Müller (CDU), 1999-2011 saarländischer Ministerpräsident, der »weniger Staat« und »bewährte betriebswirtschaftliche Methoden« im Schulwesen forderte und dann feststellte, dem »Abbau

72 August-Wilhelm Scheer, Innovationsbeauftragter des saarländischen Ministerpräsidenten, in: Die Welt, am 6. 12. 2002, S. 9.

73 M. Weiß, *Privatisierung des Bildungsbereichs*, in: Radtke / Weiß (Hg.), *Schulautonomie, Wohlfahrtsstaat und Chancengleichheit*, Opladen 2000.

bürokratischer Bevormundung« und »Verzicht auf staatliche Feinsteuerung«, werde »im schulischen Bereich am besten durch das gegliederte Schulsystem entsprochen«.[74] Eine derartige Aussage kann schwerlich ernst genommen werden, denn das »gegliederte Schulsystem« ist ja bekanntlich nicht in einem Prozess freiwilliger Vergesellschaftung entstanden, sondern durch »staatliche Feinsteuerung«. Im Folgenden will ich zeigen, dass sowohl konservativ-liberale »Befürworter« als auch sozialdemokratische Gegner der Einführung der Marktbedingung für das Schulwesen kein geeignetes Verständnis des Prozesses freiwilliger Vergesellschaftung haben.

In dieser Diskussion geht es nämlich um ein neues Modell der *staatlichen* Steuerung des Schulwesens. Als dieses neue Steuerungsmodell werden nun jene angeblich effizienten »Managementmethoden« der »Betriebswirtschaft« herbeizitiert. Sie sollen in die bestehenden *staatlichen* Schulen eingeführt werden, um diese leistungsfähiger zu machen. Dabei setzt man stillschweigend voraus, dass es tatsächlich die lehrbuchhaft vorliegenden »Managementmethoden« seien, die ein Unternehmen erfolgreich machen. Dagegen steht folgende Beobachtung: Die Methoden, um Unternehmen zu managen, werden im betrieblichen Alltag häufig missachtet, führen zu vielfältigen Widersprüchen und nicht selten enden sie im Chaos, so dass man sich wundert, wie es überhaupt gelingen kann, gleichwohl halbwegs brauchbare

74 Peter Müller in: Fahrholz/Gabriel/Müller (Hg.), *Nach dem Pisa-Schock*, Hamburg 2002, S. 38.

75 Hintergrund meiner prozessorientierten ökonomischen Argumentation bilden Schriften der »österreichischen Schule«; vgl. besonders Ludwig von Mises, *Nationalökonomie* (1940), München 1980; F. A. Hayek, *Die Verwertung des Wissens in der Gesellschaft* (1946), in: ders., *Individualismus und wirtschaftliche Ordnung* (1952), Salzburg 1976; Murray N. Rothbard, *Power and Market*, Kansas City 1970.

Resultate zu erzielen. Auch in Unternehmen gibt es Fehlentscheidungen. Keine bekannte Managementmethode schützt vor solchen, denn andernfalls würden Unternehmen nie in Schwierigkeiten geraten. Wie schaffen es die meisten Unternehmen, ihren jeweiligen Fehlentscheidungen gegenzusteuern? Nur Gegensteuerung ermöglicht, letztendlich doch noch erfolgreich zu sein, sodass die Ergebnisse des Marktprozesses aufs Ganze gesehen effizienter sind als alle Versuche mit der Staatswirtschaft. Managementmethoden führen eben nicht losgelöst vom Marktprozess zur Effizienz.[75]

Effizienz ist also nicht Kennzeichen von Unternehmen an sich, sondern sie wird erst *durch* den Marktprozess hergestellt: Die Entscheidungsträger in den Unternehmen müssen in dem Moment gegensteuern, wenn der Profit gefährdet ist. Betriebswirtschaftliche Lehrbücher stellen nur die formelle Art dar, wie bei einem drohenden Verlust das Management sein Unternehmen umstrukturiert, wie es Mitarbeiter und Führungskräfte weiterbildet und trainiert, die Herstellung effizienter macht, die Produkte überarbeitet oder auch das Marketing verbessert. Sehr viel weniger reflektiert ist in der Betriebswirtschaft die zweite, die »informelle« Form des Gegensteuerns.[76] Denn es können die Umstrukturierungen selber sein, die einschneidende Probleme verursachen. Wie in jeder Kommandowirtschaft sind auch in großen Firmen etliche Entscheidungen des Managements widersprüchlich, unrealistisch oder gar kontraproduktiv, oder sie basieren auf

76 Eine interessante Managementmethode, die paradoxerweise versucht, die kreative Kraft des Informellen formell nutzbar zu machen, ist die »Open Space«-Konferenz. Vgl. Harrison Owen, *Erweiterung des Möglichen: Die Entdeckung von Open Space*, Stuttgart 2001. Eine Anleitung zur informellen Gegensteuerung ist: Stefan Blankertz, *Wenn der Chef das Problem ist*, Wuppertal 2004. Zur Theorie von produktiver Regelverletzung vgl. Yrjö Engeström, *Entwickelnde Arbeitsforschung*, Berlin 2008. Vgl. dazu Stefan Blankertz, *Die Katastrophe der Befreiung*, Berlin ²2015, S. 253ff.

Daten, die auf ihrem Weg durch die Hierarchie nach oben Verzerrung erfuhren. In diesem Falle greifen die informellen Formen der Gegensteuerung: Mitarbeiter und Zwischenvorgesetzte unterlaufen die unsinnigen Regelungen und Anordnungen. Ohne die informelle Form der Gegensteuerung – also ohne Regelverletzungen – könnte wohl kaum ein Unternehmen bestehen (Engeström-Theorem), denn die betriebswirtschaftlichen Managementmethoden verhalten sich zum Alltag in den Betrieben wie die Didaktiken zu der Schulwirklichkeit.

Beide Formen der Gegensteuerung, die formelle wie die informelle, sehen sich Widerständen und Risiken bei ihrer Durchsetzung gegenüber: Formelle Gegensteuerungen wie etwa Restrukturierungen des Unternehmens greifen in eingespielte Abläufe ein und stellen etwa angestammte »Besitztümer« von Führungskräften und Mitarbeitern in Frage. Informelle Gegensteuerungen bergen für die Mitarbeiter, die die vorgeschriebenen Abläufe missachten, die Gefahr in sich, dass sie dafür sanktioniert werden – besonders dann, wenn die Regelverletzung nicht den gewünschten Erfolg hatte. Im Unternehmen werden Widerstände überwunden und Risiken in Kauf genommen, weil untätiges Verharren zum Bankrott führen müsste und damit den Verlust des Arbeitsplatzes auch für denjenigen nach sich ziehen würde, der sehenden Auges entscheidende Probleme nicht anpackte. Gleichwohl berichten Mitarbeiter mitunter davon, dass es zu Fehlentwicklungen in ihrem Unternehmen kommt und dass notwendige Veränderungen langsam vor sich gehen, sei es durch formelle, sei es durch informelle Maßnahmen.

Die Bedingung des Marktes ist derart in zweierlei Hinsicht entscheidend für die Existenz effizienter Unternehmen: Der fehlende Erfolg zwingt zur Gegensteuerung und drohender Arbeitsplatzverlust verleiht den Mut, auftretende Widerstände gegen Veränderungen zu beseitigen und gar Risiken bei ihrer Durchsetzung einzugehen. Was geschieht jedoch, wenn eine Organisation durch »Managementmethoden« restrukturiert wird, ohne dass sie Marktbedingungen unterliegt?

Nun ist es nicht schwer, sich auszumalen, dass eine derartige Restrukturierung zunächst viel hartnäckigeren Widerstand hervorruft: Eine Fortschreibung des Missstandes, der mit der Restrukturierung beseitigt werden soll, bringt keinen Bankrott und damit keinen Arbeitsplatzverlust mit sich. Deshalb finden die Versuche, den Besitzstand zu wahren, kaum eine Grenze: Die Besitzstandwahrung hat keine unerwünschten ökonomischen Konsequenzen für den Besitzstandwahrer selber.

Ist eine Restrukturierung aufgrund von äußerem politischen Druck hin gleichwohl vollzogen worden, gibt es in der nicht der Marktbedingung unterliegenden Organisation weniger Anreiz, mit informeller Gegensteuerung den eventuell unsinnigen Auswirkungen zu begegnen. Denn eine informelle Gegensteuerung ist ja nicht bloß mit Anstrengungen verbunden, sondern auch mit der Gefahr von Disziplinierung. Arbeitsplatzverlust droht einem Beamten oder einem Angestellten des staatlichen Sektors normalerweise nur, wenn er gegen Vorschriften verstößt. Bürokratische Aufwendungen, die in Unternehmen des privaten Sektors im Gefolge von ISO-Zertifizierung und »Total Quality Management« die Produktion zu hemmen drohten, sind durch die informellen Gegensteuerungen, also gezielten Regelverletzungen, in den Unternehmen neutralisiert worden. Im Kontext von einer Organisation, die ihren Erfolg nicht im Marktprozess bewähren muss, kann eine derartige Restrukturierung den Betrieb völlig lähmen. Demnach ist davon auszugehen, dass eine Einführung von Managementmethoden in der Schule die versprochenen heilsamen Wirkungen nicht entfalten kann, wenn Schule im Schlepptau staatlicher Kommandowirtschaft bleibt.

Warum unterzieht sich eine Organisation überhaupt einer Restrukturierung? Für Unternehmen habe ich den Grund bereits genannt: Es unterzieht sich ihr, weil es dem fehlbaren Urteil der Handelnden nach auf diese Weise besser im Marktprozess bestehen kann. Bestand im Marktprozess setzt voraus, dass Unternehmen Produkte für ihre Kunden zur Verfügung stellen, die die Kunden in der Relation von Preis zu Leistung überzeugen. Außerdem muss ein Unternehmen diese Produkte so effizient herstellen, dass bei dem Preis, den die Kunden zu zahlen bereit sind,[77] noch Profit übrig bleibt.

Bei einer durch Steuern finanzierten Organisation[78] wie der öffentlichen Schule vermittelt der Druck der Veränderung sich auf andere Weise. Es sind vor allem »Legitimationsprobleme«, die von außen zur Veränderung drängen. Ein neueres Legitimationsproblem hat sich für die öffentliche Schule aus der Diskussion um das schlechte Abschneiden Deutschlands in der Pisa-Studie ergeben. Ein weiterer heute immer wichtiger werdender Grund für den Ruf nach Ver-

77 Preistheorien, die davon ausgehen, Preise kämen durch Summierung der Faktorenkosten zustande, sind zirkulär, da die Faktorenkosten ihrerseits erklärt werden müssten. Es ergibt sich ein unendlicher Regress, der nichts erklärt. Vgl. Ludwig von Mises, *Nationalökonomie* (1940), München 1980, 283ff.

78 Staatliche Organisationen müssen nicht ausnahmslos steuerfinanziert sein. Es gibt auch beitragsfinanzierte staatliche Organisationen wie etwa kommunale Schwimmbäder, städtische Nahverkehrsbetriebe, staatliche Versorgungsunternehmen. Die preußische Staatsschule wurde lange Zeit durch Schulgeld finanziert. Die neueren Diskussionen um die »Studiengebühren« gehen in die gleiche Richtung. Bei einer Beitragsfinanzierung handelt es sich jedoch ausdrücklich nicht um die Herstellung von echten Marktbedingungen.

änderung im öffentlichen Schulwesen sind die leeren Staatskassen. Während sich also Veränderungsbedarf im Unternehmen aus der Beziehung zwischen Produkt, Kunde und Herstellung ergibt, verhält es sich bei der steuerfinanzierten Organisation anders: Nicht die Nutzer – im Falle der Schule sind das Kinder, Jugendliche und Eltern – definieren das Produkt, sondern die politische »Öffentlichkeit«. Ebenso bezahlen die Nutzer das Produkt nicht direkt, sondern die Steuerzahler insgesamt. Unter dem Gesichtspunkt der freiwilligen Vergesellschaftung sind nicht Kinder, Jugendliche und Eltern die Kunden der Schule, sondern die finanziellen Instanzen, von denen die Schule erhalten wird, sowie die politischen Instanzen, die der Schule die Strukturen geben und die Inhalte vorschreiben.

Ein Unternehmen gerät im Marktprozess durch die Summe der Einzelentscheidungen der Kunden in Schwierigkeiten. Eine steuerfinanzierte Organisation gerät dagegen durch die politischen Entscheidungen der sie »konstituierenden« Instanzen in Schwierigkeiten.

Diesen Unterschied deutlich herauszuarbeiten, ist wichtig, weil ein wesentliches Kennzeichen der Diskussion um die Schule die Widersprüchlichkeit der Forderungen ist, die an sie gestellt werden. Die Schule soll Begabte fördern und ebenso Chancengleichheit garantieren, sie soll Leistungsbereitschaft hervorrufen und ebenso das Eigenrecht der Kindheit beachten, sie soll für den Konkurrenzkampf fit machen und ebenso soziales Lernen ermöglichen, sie soll die Allgemeinbildung stärken und ebenso auf die spezialisierten Bedürfnisse der Informationsgesellschaft eingehen, sie soll die gemeinsamen Werte der Gesellschaft vermitteln, ohne dabei jedoch irgendeine relevante soziale Gruppe zu verärgern, und ebenso zur Kritikbereitschaft erziehen, sie soll in Übereinstimmung mit den Eltern handeln und ebenso die

Fehler der häuslichen Sozialisation korrigieren – um nur einige der offensichtlichen Widersprüche aufzuzählen. Und natürlich soll sie mehr erreichen, jedoch weniger kosten.

Unternehmen reagieren auf widersprüchliche Forderungen der Kunden mit einer Differenzierung des Angebots. Oft kann ein Unternehmen allerdings nicht einmal durch verschiedene Produkte alle sich widersprechenden Kundenanforderungen erfüllen, sondern es bedarf mehrerer Unternehmen mit eigenen Profilen nebeneinander. Für Kunden des einen Angebotes stellt es kein Problem dar, wenn es auch noch andere Angebote gibt, weil sie jeweils nur das Produkt bezahlen, das sie selber nutzen möchten. Wer einen VW Golf kauft, hat nicht das Bedürfnis, auf das Aussehen oder die Motorleistung des Ford Focus Einfluss zu nehmen. Dies ist bei Schulen bzw. jeder steuerfinanzierten Organisation anders: Da alle die Leistung durch die Steuern schon bezahlt haben, können sie »berechtigterweise« erwarten, dass auch ihre Bedürfnisse angemessen berücksichtigt werden. Daraus ergeben sich die Legitimationsprobleme und Widersprüchlichkeiten, die bloß typisch sind für sogenannte öffentliche Güter.

Andererseits lassen sich die Kunden öffentlicher Güter eine weitgehende Widersprüchlichkeit in den »zur Verfügung

79 Erfahrungsgemäß gäbe es in diesem Falle gar keinen VW Golf, sondern einen Trabi oder bestenfalls einen Wartburg.

80 Zwei empirische Studien zur Abschätzung der Wirkung von Schulpflicht: (1.) Kevin Lang und David Kropp (*Human Capital versus Sorting: The Effects of Compulsory Attendance Laws*, in: The Quarterly Journal of Economics, 1986, S. 609-624) vermuten, eine Erhöhung der Pflichtschulzeit ziehe eine längere Schulbesuchsdauer von allen Schülern nach sich. Der Grund bestehe darin, dass ein generell höheres Abschlussniveau der Bewerber um Arbeitsplätze die Anwärter auf bessere Jobs nötige, einen nächsthöheren Abschluss zu machen. Die Autoren weisen das Humankapital-Modell zurück, nach dem die inhaltlichen Effekte der Schulbildung für den Arbeitsplatzerwerb entscheidend sind. Ihren empirischen Daten

gestellten« Produkten gefallen. Dies hängt mit jener Abkoppelung der Bezahlung von der Inanspruchnahme der Leistung zusammen. Wenn der Staat aber jedem Bürger, der einen Führerschein besitzt, einen aus den Steuern bezahlten VW Golf zur Verfügung stellen würde,[79] würden wahrscheinlich auch viele der heutigen Käufer des Ford Focus dieses Angebot annehmen, anstatt sich ein Auto zu kaufen, das sie bezahlen müssten. In Wahrheit würden sie ja dann zwei Autos bezahlen, nämlich indirekt mit ihren Steuern den VW Golf und direkt ihr Wunschauto. Im Gegenzug würden aber, demokratische Strukturen vorausgesetzt, Steuerzahler den Anspruch erheben, über das eine, vom Staat angebotene Auto »mitzubestimmen«.

Ein Produkt, das ein Unternehmen auf dem Markt anbietet, wird keine Kennzeichen enthalten, die potenzielle Kunden nicht hinnehmen wollen. Das scheint ein solcher Allgemeinplatz zu sein, dass es trivial klingt, ihn auszusprechen. Doch im Vergleich zum Angebot öffentlicher Güter ist es entscheidend, sich an diesen scheinbaren Allgemeinplatz zu erinnern. Bestimmte Anforderungen an die Schule sollen geradezu gegen den Willen einzelner Betroffener durchgesetzt werden. Das eindeutigste Beispiel ist die allgemeine Schulpflicht.[80] Ein anderes Beispiel sind etwa solche Integrations-

zufolge benutzen Arbeitgeber den Schulabschluss demgegenüber eher als ein *formales* Sortierungskriterium. (2.) Joshua Angrist und Alan Krueger (*Does Compulsory School Attendance Affect Schooling and Earnings?*, in: The Quarterly Journal of Economics, 1991, S. 879-1014) schätzen, dass rund 4% der Jugendlichen eines Jahrgangs durch die Schulpflichtgesetze direkt zu einem längeren Schulbesuch als gewünscht gezwungen werden. Zur Schätzung benutzen sie die Tatsache, dass sich im Kontext der meisten US-Bundesstaaten für früher im Jahr geborene Kinder eine kürzere Schulpflicht als für die später im Jahr geborenen Kinder ergibt. Die Differenz zwischen der Bildungsbeteiligung der im ersten und im letzten Quartal eines Jahrganges geborenen Kindern lässt sich demnach auf die Wirkung der Schulpflicht zurückführen. 4% aus vornehmlich ärmeren Schichten

programme, die den Widerstand von Eltern hervorrufen. Ein besonders erschreckendes Beispiel stellt die Selektionsfunktion der Schule dar,[81] weil sich wohl niemand freiwillig aussortieren lassen wollte.

Wenn es um die Frage geht, welche Ziele die Einführung nicht-staatlicher Strukturen in das Schulwesen erreichen kann, muss demnach die *Form* dieser Ziele genau betrachtet werden. Ziele, die in sich widersprüchlich sind, können ebenso wenig unter der Bedingung freiwilliger Vergesellschaftung umgesetzt werden wie Ziele, denen Betroffene nicht zustimmen. Aber gerade diese beiden Zielformen, die widersprüchliche und die nicht zustimmungsfähige Form, herrschen in der Diskussion um das öffentliche Schulwesen vor. Darin liegt der Grund, warum zwar mit betriebswirtschaftlichen Elementen die Effizienz der Schule gesteigert werden soll, ohne aber die Bedingung freiwilliger Vergesellschaftung für sie herzustellen. Allerdings ist »Effizienz« keine unabhängige Größe. Sie kann nur im Zusammenhang mit der Zieldefinition ermittelt werden.

[6] Engen wir zunächst die Frage der Effizienz auf das Ziel ein, die leeren Haushaltskassen zu entlasten. Eine Entlastung der Haushaltskassen könnte auf zweierlei Art geschehen, nämlich Senkung (1.) der Inanspruchnahme und (2.) der Kosten der Leistung. Als erstes untersuche ich die Möglichkeit der Senkung der Inanspruchnahme, oder bildungsökonomisch ausgedrückt: Senkung der »Bildungsbeteiligung«.

mögen politisch uninteressant sein; für den Marktprozess können sie eine entscheidende Rolle spielen. – Zu einer seltenen pädagogischen Kritik an Schulpflicht vgl. Ulrich Oevermann, *Brauchen wir heute noch eine gesetzliche Schulpflicht?*, in: Pädagogische Korrespondenz, Heft 30, 2003.

81 Eine Zahl zum Ausmaß der Selektion: »Mit 600 000 Kindern, Jugendlichen und jungen Erwachsenen [wird] Jahr für Jahr eine große Zahl im

Eine Senkung der Bildungsbeteiligung wird selten offen gefordert, denn in einer hohen Bildungsbeteiligung sehen die meisten Politiker, Erziehungs- und Wirtschaftswissenschaftler einen Garanten für ökonomischen Wohlstand und sozialen Frieden. Indirekt jedoch zielen die Versuche, den Übergang zum Gymnasium wieder selektiver zu gestalten, auf eine fiskalisch motivierte Senkung der Bildungsbeteiligung. Noch versteckter ist diese Forderung, wenn sie die Form annimmt, die Abschlüsse von Real- und Hauptschulen müssten »wieder an Attraktivität gewinnen«.[82] Eine Auseinandersetzung darüber, wie verbreitet ein Gut sein solle, kann es nur geben, sofern dies »öffentlich« ist, also steuerfinanziert wird. Die durch die Steuerfinanzierung erzielte Trennung der Bezahlung eines Gutes von der Inanspruchnahme, die ich *Scheinkostenlosigkeit* nenne, führt zu einer Nachfrage, als ob das betreffende Gut unbegrenzt zuhanden sei.[83] Die Inanspruchnahme von »Schule« ist nicht völlig kostenlos, da von den Eltern die Unterhaltskosten getragen werden müssen. Darum sind in den 1960er und 70er Jahren Verfechter einer vollkommenen Bildungsgleichheit stets dafür eingetreten, zusätzlich zur Schulgeldfreiheit Eltern auch unmittelbar finanziell zu unterstützen. Schulgeldfreiheit stellt dennoch eine bedeutende Senkung der unmittelbar von den Eltern zu tragenden Kosten für das Zur-Schule-Gehen der Kinder dar. Die Versuche, öffentliche Haushalte durch die Senkung der Bildungsbeteiligung zu entlasten, sind stets mit einem Verteilungskampf verbunden, solange die Bedingung der Scheinkostenlosigkeit herrscht.

Bildungssystem mit der Erfahrung des Scheiterns konfrontiert.« Bellenberg / Klemm, *Scheitern im System, Scheitern des Systems?*, in: Rolff (Hg.), *Jahrbuch der Schulentwicklung*, Band 11, Weinheim 2000. S. 74.

82 Guido Westerwelle, in: Fahrholz / Gabriel / Müller (Hg.), a. a. O., S. 77.

83 William Niskanen, *Nichtmarktwirtschaftliche Entscheidungen*, in: Widmaier (Hg.), *Politische Ökonomie des Wohlfahrtsstaates*, Frankfurt/M. 1974.

Allerdings wäre es falsch, aus diesem Gedanken zu schlussfolgern, eine Finanzierung der Schule durch die Nachfrager würde automatisch zur Senkung der Bildungsaufwendungen der Bevölkerung führen. Beides wäre möglich. Wenn der Staat den Eltern beispielsweise 400 Euro monatlich für die Finanzierung des Schulwesens über die Steuern abnimmt, diese aber nur 300 Euro für die Bildung ihrer Kinder ausgeben wollen, sinken die Bildungsausgaben nach der Einführung der Nachfrager-Finanzierung in der Tat. Ganz anders sieht die Sache aus, wenn Eltern bereit wären, 500 Euro monatlich aufzuwenden. Die private Finanzierung des von ihnen gewünschten Bildungsweges würde 400 (Steuern) plus 500 (Privatschulgeld) = 900 Euro Gesamtaufwendungen ergeben. Das würde ihren Ausgabewillen jedoch übersteigen. Also nehmen sie die 400-Euro-Schule des Staates in Kauf und geben 100 Euro weniger aus. Dies ist keine bloße Annahme, zum Beispiel *sank* im 19. Jahrhundert in England der Anteil am Bruttosozialprodukt, der für die Elementarschule ausgegeben wurde, nachdem 1870 die Schulgeldfreiheit eingeführt wurde.[84]

Mittels des Prozesses freiwilliger Vergesellschaftung ist eine Steuerung der Bildungsbeteiligung auf eine definierte Zielgröße hin nicht zu leisten. Gerade darum erscheint er denen als ungeeignet, die meinen, die Bildungsbeteiligung bzw. das Budget für das Schulsystem sei von zentraler Bedeutung für die Aufrechterhaltung des gesellschaftlichen Wohlstands (Ökonomen sprechen hier von »positiven externen Effekten«). Diese Meinung könnte aber auf einem Irrtum beruhen. Dazu drei Beispiele:

1. Vergleichbare Ausgabeniveaus für Primar- und Sekundar-

84 E. G. West, *Education and the Industrial Revolution* (1975), Indianapolis 2001, S. 238.

85 Dies gilt auch in historischer Perspektive. E. G. West, a. a. O., hat für das

stufe (APS, in % vom BSP) treffen mit unterschiedlichsten Niveaus von Bruttosozialprodukt (BSP, pro Kopf in Dollar) und Pisa-Rängen (Naturwissenschaften) zusammen:

Land	BSP/1988	APS/1988	BSP/1998	APS/1998	PISA/2000
Japan	15.023	2,5	32.350	3,6	2
Deutschland	16.214	2,6	28.570	4,4	20
Australien	15.050	2,9	20.680	4,3	7
Finnland	14.244	4,6	24.280	5,8	3
Dänemark	15.015	4,6	33.040	6,8	22
Schweden	15.018	4,6	23.750	6,6	10

Nun mag es jeweils viele Gründe geben, die erklären, warum in dem einen oder anderen Land niedrige Ausgaben für das Schulwesen einen großen Zuwachs an Bruttosozialprodukt oder hohen Pisa-Rang ergeben bzw. umgekehrt, warum hohe Ausgaben keinen großen Zuwachs an Bruttosozialprodukt oder keinen hohen Pisa-Rang nach sich ziehen, die Statistik beweist jedenfalls, dass die Ausgaben für das Schulwesen nicht unabhängig von anderen Faktoren den Wohlstand bestimmen.[85] Bedenkenswert ist es, wenn in dieser Auswahl das Land mit den höchsten relativen Bildungsausgaben 1998 und dem höchsten Prokopf-Einkommen 1998 – Dänemark – den niedrigsten Pisa-Rang einnimmt, und das Land mit dem höchsten Pisa-Rang und dem zweithöchsten Prokopf-Einkommen 1998 – Japan – geringste relative Bildungsausgaben 1998 verzeichnet.

2. Das zweite Beispiel ist die historische Perspektive: Das Niveau der Ausgaben für den Elementarunterricht werden mit der Entwicklung des Bruttosozialprodukts in ein Verlaufsprotokoll eingetragen. Es liegen von E.G. West (und

19. Jahrhundert in europäischen Staaten keine Korrelation für Bildungsausgaben und ökonomischen Wohlstand festgestellt. Vgl. Stefan Blankertz, *Legitimität und Praxis*, Wetzlar 1989, S. 123ff.

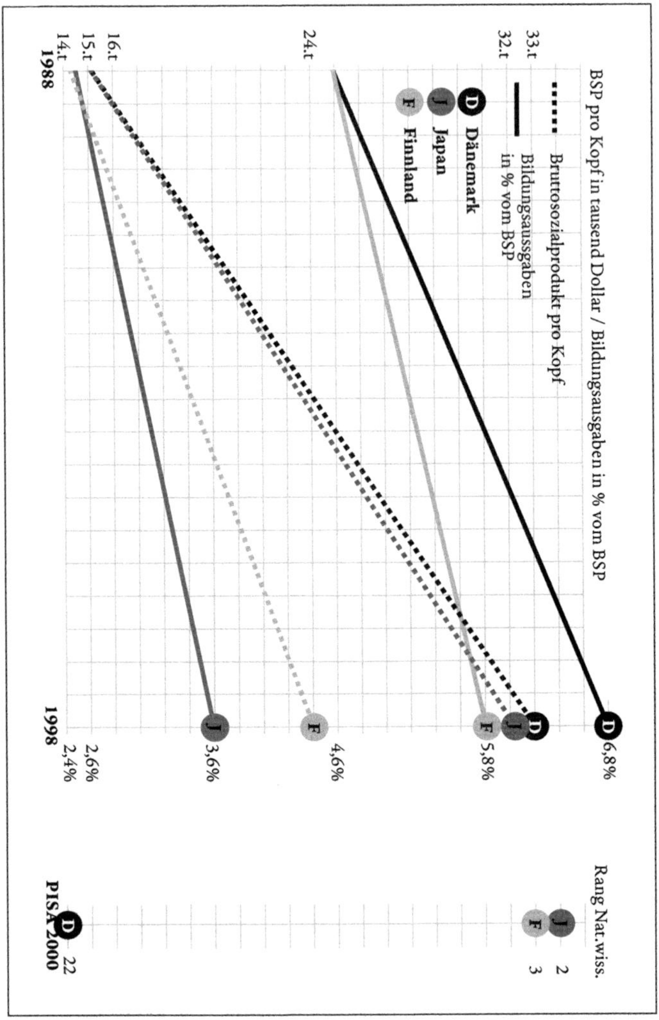

Die Entwicklung des Bruttosozialproduktes pro Kopf zwischen 1988 und 1998, der Ausgaben für Bildung in Prozent vom BSP (OECD-Daten) sowie die Pisa-Ränge in den Naturwissenschaften 2000.

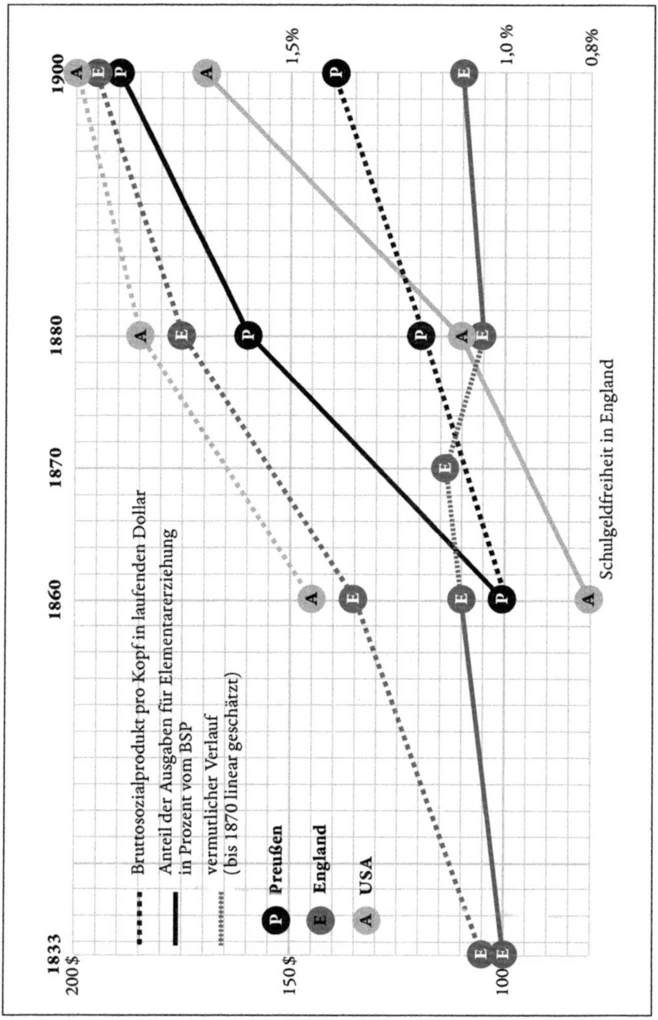

Die Entwicklung des Bruttosozialproduktes pro Kopf sowie der Ausgaben für die Grundschulbildung in Prozent vom BSP zwischen 1833 bzw. 1860 und 1900. Daten aus E. G. West (1975, S. 201 f) sowie eigenen Recherchen.

z. T. durch eigene Untersuchungen ergänzte) Daten vor für Preußen (hohe Ausgaben, starke Staatsinterventionen, niedriges und niedrig bleibendes Bruttosozialprodukt), die USA (niedrige Ausgaben, geringe Staatsinterventionen, hohes und wachsendes Bruttosozialprodukt) sowie England (niedrige und nach Einführung der steuerfinanzierten Elementarstufe 1870 sogar fallende Ausgaben, geringe Staatsinterventionen, hohes Bruttosozialprodukt). Der Vergleichszeitraum beträgt 40 Jahre von 1860-1900.

3. Drittes Beispiel: In einer Simulation des Internationalen Währungsfonds für Tansania und Sambia wird der Schluss gezogen,[86] eine Erhöhung des Bildungsetats um 15 % könnte eine Steigerung des Bruttosozialproduktes zwischen 0,1 und 0,3 Prozentpunkte bewirken. Allerdings werden zwei Voraussetzungen gemacht: (1.) Die Staatsausgaben dürften insgesamt nicht steigen. (2.) Für die zusätzlich Ausgebildeten müssten entsprechende Arbeitsplätze zur Verfügung gestellt werden.

Um ein halbwegs bedeutsames Wirtschaftswachstum anzuregen, müssten die Bildungsausgaben nach dieser Rechnung um rund 150 % steigen. Da das »Zur-Verfügung-Stellen« von Arbeitsplätzen für die Qualifizierten politisch bloß durch die Ausweitung des Staatssektors zu erreichen wäre,[87] müsste die Summe der Staatsausgaben insgesamt steigen: Die erste Bedingung widerspricht unmittelbar der zweiten. Außerdem wäre zu bezweifeln, dass das Bruttosozialprodukt steigen könnte, wenn man die zusätzlich Qualifizierten im öffentlichen Dienst unterbringen würde. Demnach würde

86 Hong-Sang Jung und Erik Thorbecke, *The Impact of Public Education Expenditure on Human Capital, Growth, and Poverty in Tanzania and Zambia: A General Equilibrium Approach*, International Monetary Fund Working Paper 01/106, 2001.

87 Die Forderung nach angemessenen Arbeitsplätzen für die zusätzlich Qualifizierten kann bloß politisch erfüllt werden: Der Marktprozess hat –

die politische Erfüllung von der Bedingung zwei die Voraussetzung – dass ein Wachstum stattfindet – sabotieren. Mehr Staatsausgaben bei einer gleichbleibenden Wirtschaftskraft führen aber zwangsläufig zu einem sinkenden Bruttosozialprodukt.

Da nun die Möglichkeit von sinkender Bildungsbeteiligung in der Diskussion mehr oder weniger ausgeklammert wird, stützen sich die offen ausgesprochenen Hoffnungen auf eine Entlastung des Staatshaushaltes im Wesentlichen darauf, dass Unternehmen effizienter im Sinne von kostengünstiger produzieren als Organisationen der öffentlichen Hand.

Unternehmen produzieren kostengünstig aus zwei Gründen: Erstens, weil es die Kunden davon überzeugen muss, dass sie das angebotene Produkt erwerben. Die Kunden haben ja die Freiheit, auf das angebotene Produkt zu verzichten. Die Kunden könnten – zweitens – das gleiche Produkt bei einem anderen, billigeren Anbieter kaufen. Dies ist selbst dann ein Grund für die kostengünstige Herstellung, wenn das Unternehmen zur Zeit »Alleinanbieter« für dieses Produkt ist.[88] Denn wenn das Unternehmen sein Produkt zu einem Preis anbietet, der unterboten werden könnte, würden sich für einen neu entstehenden Konkurrenten hier gute Profitmöglichkeiten ergeben. Um die Bedingung konkurrierender Anbieter für die Schule herzustellen, müssten sowohl die Schulpflicht aufgehoben als auch das Berechtigungswesen beseitigt werden. Die Schulpflicht und das Berechtigungswesen begründen eine Sonderstellung der Schule, die noch über Monopole wie die frühere Post hinausgeht: Es ist nicht

»other things being equal« – offensichtlich keinen Bedarf an ihnen, denn sonst würde sich die entsprechende Nachfrage in Form von offenen, nicht besetzbaren Stellen bereits ausdrücken; man müsste ihre Zur-Verfügung-Stellung nicht erst fordern.

88 Der Monopolbegriff hat nur Sinn, wenn die Alleinanbieterschaft durch interventionistische Mittel abgesichert ist.

nur ein Anbieter des Produktes festgelegt, den jeder nehmen muss, der das Produkt erwerben will, sondern die Abnahme des Produktes ist darüber hinaus auch noch zumindest teilweise verpflichtend.

Der Effizienzdruck, der in dem Schulwesen gleichsam eine »Markt-Bedingung ohne Markt« herstellen soll, sieht nun vor, dass den Schulen fiskalpolitisch festgelegte Budgets zugewiesen werden, die unterhalb ihres jetzigen Geldbedarfs liegen (»Kostendeckelung«). Mit diesen Budgets müssen Schulen dann wirtschaften oder haushalten. Auf diese Art stellt man eine Ressourcenverknappung her.[89] Aber was ist so gewonnen? Zunächst wird eine nicht-freiwillig, sondern steuerfinanzierte Organisation alle politischen Mittel ausschöpfen, um eine Erhöhung des zugewiesenen Budgets zu erreichen oder zu erpressen. In diesem Verteilungskampf geht es um Macht. Die Entscheidung liegt bei der stimmberechtigten Mehrheit der Bevölkerung, oder besser gesagt: bei der administrativen Vertretung der stimmberechtigten Mehrheit.

Wenn es zunächst nicht gelingt, die zugewiesenen Budgets zu erhöhen, wird eine steuerfinanzierte Organisation ihre Leistungen einschränken. Eventuellen Unmut der Kunden wehrt man mit dem Hinweis auf die verknappten Mittel ab. Man erwartet, dass auf solche Weise die Kunden zu Verbündeten im Verteilungskampf werden. Das heißt, nicht die Kunden (Kinder, Jugendliche, Eltern) entscheiden, ob sie

89 Diese Thesen lassen sich an den unendlichen Auseinandersetzungen im staatsbeherrschten Gesundheitswesen empirisch überprüfen.

90 In einer auf Freiwilligkeit basierenden Struktur des Schulwesens hätten potenzielle Kunden diese Möglichkeit, ganz auf Schul- bzw. Unterrichts-Angebote zu verzichten und andere Wege des Aufwachsens zu wählen. Ein Beispiel ist das angelsächsische *»home-schooling movement«*. Vgl. z. B. Jan Fortune-Wood, *Bound to be Free: Home Education as a Positive Alternative to Paying the Hidden Costs of »Free« Education*, Nottingham 2001.

für weniger Geld weniger Leistung haben oder ob sie nicht doch lieber mehr Geld ausgeben und dafür das Mehr an Leistung erhalten wollen. Die Kunden haben aufgrund der Monopolstellung der Schule gar keine Chance, auf andere Anbieter auszuweichen. Darüber hinaus haben sie aufgrund der Schulpflicht nicht einmal die Möglichkeit, auf die Inanspruchnahme der Leistung ganz zu verzichten.[90] Und da die Schule über die Steuern finanziert wird, eröffnet sich auch nicht der Ausweg, der Schule die ökonomische Grundlage zu entziehen. Vom Marktprozess her gesehen ergibt sich überhaupt kein Anreiz zu einer effizienteren Produktion des Angebotes »Schule«.

Selbst in der Struktur, dass Schulen pro Schüler eine gewisse festgesetzte Summe (»Gutschein«) aus Steuermitteln erhalten und den Eltern die Wahl der Schule offen steht, ergibt sich ein solcher Anreiz nicht, wie wir oben an dem Beispiel Chiles gesehen haben. Die Struktur des Gutscheinsystems würde zwar bis zu einem gewissen Grade die Bedingung freiwilliger Vergesellschaftung für Schulen herstellen, nicht jedoch unter dem Gesichtspunkt einer kostengünstigen Produktion: Die Nachfrager sparen bei der Wahl des Angebots Kostengesichtspunkte aus, da ein günstiger Einkauf ihren Aufwand unberührt lässt.

Wer demnach einen Anreiz zur günstigen Produktion von Unterricht schaffen möchte, kann nur so verfahren, dass er den Nachfragern ihre für das Schulwesen an den Staat über die Steuern abgeführten Mittel zurückerstattet und sie darüber hinaus nicht zwingt, diese Mittel vollständig für den Unterricht ihrer Kinder zu investieren. Ob man eine solche Maßnahme für vertretbar hält, ist eine andere Frage. Jedoch ist es unsinnig, die Hoffnung auf Effizienz an eine Struktur zu knüpfen, in der kein Anreiz zur günstigen Produktion besteht.

Allerdings müssen wir selbst diese Aussage differenzieren. Denn es ist gar nicht sicher, dass in einem Prozess von freiwilliger Vergesellschaftung Unterrichtsangebote entstehen, die günstiger sind als unsere heutigen staatlichen Schulen. Wenn nämlich die Nachfrager in Wirklichkeit durchschnittlich mehr für den Unterricht ihrer Kinder ausgeben wollen würden und nur durch die Steuerfinanzierung daran gehindert werden, es zu tun, würde es vornehmlich teurere Angebote auf dem Bildungsmarkt geben. Die Existenz von Privatschulen, die über den Betrag hinaus, den sie vom Staat als Subvention erhalten, Schulgeld verlangen, beweist, dass es die Bereitschaft zu Mehrausgaben wirklich gibt; gleiches gilt für den Einkauf von Leistungen zusätzlich zum Besuch einer öffentlichen Schule wie etwa Nachhilfe.

[7] Schon bei der Einschränkung der Effizienzfrage auf die Entlastung des Staatshaushaltes hat sich gezeigt, dass es eine unsinnige Erwartung an freiwillige Strukturen im Schulwesen ist, genau definierte Ergebnisse zu erreichen. Bildungsbeteiligung kann durch Strukturen der Freiwilligkeit größer oder kleiner werden, das Ausgabeniveau kann steigen oder sinken, die Kosten pro Schüler können höher oder niedriger ausfallen, als es heute der Fall ist. Dies ergibt sich, wenn die Entscheidung des einzelnen Handelnden grundlegend ist. Andererseits ist es nicht möglich, die Vorteile der Freiwilligkeit mit den festgelegten Zielvorgaben zu kombinieren; denn durch jedwede Zielvorgaben werden die Mechanismen, die den Prozess der freiwilligen Vergesellschaftung effektiv machen, außer Kraft gesetzt.
Diese Argumentation trifft in noch höherem Maße auf Ziele zu, die in einem außerökonomischen Sinne die Effizienz der Schule bestimmen. So wird von konservativen Kreisen gern das »Versagen« der heutigen Schule bei der effizienten Ver-

mittlung von Kulturtechniken kritisiert und gleichzeitig die Hoffnung an eine stärker marktwirtschaftliche Steuerung der Schule geknüpft, dieses Versagen werde überwunden. Aber gerade der konservative Nachdruck auf Leistung wirkt sich im pädagogischen Alltag dergestalt aus, dass das Versagen nicht eine bedauerliche Ausnahme bleibt, sondern vielmehr den Grad des Erfolges definiert: Ein Lehrer hat dann seines Amtes gewaltet, wenn sich die Leistungen seiner Schüler in einer Normalverteilungskurve darstellen lassen. Es wird ja geradezu als Gütekriterium etwa des bayerischen Schulwesens ausgegeben, dass dort weniger Schüler das Abi »packen« als anderswo in der Bundesrepublik. Der Lehrer, der rund 25 % schlechte, 25 % gute und 50 % mittlere Schüler »produziert«, hat nichts falsch gemacht, während einer, bei dem 100 % das Klassenziel erreichen, suspekt erscheinen würde.

Vom Prozess freiwilliger Vergesellschaftung her müsste die Frage ganz anders gestellt werden: Für die und nur für die, die ein bestimmtes Bildungsziel nachfragen, würden die Unterrichtsfirmen – gestützt durch eine »Null-Fehler-Strategie« – versuchen, eine 100 %ige Erreichung zu gewährleisten. Wer die Hoffnung formuliert, durch den Markt ließen allgemeine Bildungsstandards sich »effizient« vermitteln, unterstellt demnach: alle potenziellen Nachfrager streben die Erreichung dieser Standards an. In Wirklichkeit kann nur der für eine Struktur der Freiwilligkeit im Schulwesen eintreten, der bereit ist, über solche Zielsetzungen die einzelnen Handelnden *selber* entscheiden zu lassen.

Demgegenüber fährt man in der gegenwärtigen Lage meist eine Art Doppelstrategie: Auf der einen Seite sollen marktwirtschaftliche Elemente die Schule effizienter im Sinne von »kostengünstiger« machen, auf der anderen Seite werden striktere Ziele formuliert, etwa über zentrale Prüfungen. Die

Ziele wären administrativ vorgegeben, der Weg dorthin soll freigegeben werden.
Ökonomisch betrachtet ist dies durchaus eine Option. Wie etwa ein Automobilhersteller seinen Lieferanten bloß bestimmte enge Zielvorgaben für ein Teil – sagen wir: einen Motorblock – machen kann, während der Produktionsvorgang dann den Lieferanten überlassen bleibt, wäre es denkbar, dass der Staat in zentralen Prüfungen die Bildungsziele festlegt und es privaten Anbietern überlässt, die Kinder und Jugendlichen beispielsweise mit konkurrierenden pädagogischen Methoden zu jenen Zielen zu führen. Die Eltern der Kinder oder die Jugendlichen selbst würden bestimmen, zu welchem Anbieter sie gehen, aber sie wären aufgrund der Schulpflicht gezwungen, *irgendeinen* Anbieter zu wählen. Sie werden voraussichtlich den wählen, der dies am günstigsten tut, und sie werden den wählen, der sie ihrem fehlbaren Urteil nach die Prüfung am unproblematischsten oder am leichtesten bestehen lässt. Solch ein Modell existiert etwa im Bereich der Fahrschulen und des Führerscheins – bis auf die Tatsache, dass das Machen des Führerscheins nicht Pflicht ist. Das Funktionieren dieses Modells setzt voraus, dass die Mittel für den Schulbesuch individuell aufgebracht werden und nicht auf ein bestimmtes Niveau fixiert sind.
Dieses Modell hieße allerdings, den Begriff der Effizienz aufs Technische einzugrenzen. Auch wenn die zentralen Ziele völlig unsinnig wären, würde der Markt effizient zu diesen unsinnigen Zielen hinführen. Dies nun ist keine triviale Feststellung. Mit einer auf Freiwilligkeit basierenden Struktur des Schulwesens wird zum Beispiel auch die Hoffnung auf eine bessere Abstimmung zwischen Schule und Arbeitsmarkt verbunden. Im Vorwort zu dem politischen Sammelband *»Nach dem Pisa-Schock«* schrieben 2002 die Herausgeber Bernd Fahrholz (damals der Vorstandsvorsitzende der

Dresdner Bank), Sigmar Gabriel (SPD, damals der Ministerpräsident Niedersachsens) und Peter Müller (CDU, damals der Ministerpräsident des Saarlandes):

»Zur Verbesserung unseres Bildungssystems darf Marktorientierung nicht länger ein Tabu sein. [...] Die stärkere Vernetzung von Wirtschaft und Bildungseinrichtungen – Betrieben, Arbeitsmarkt, Schulen und Universitäten – steckt das institutionelle Feld der Reform ab.«[91]

Diese Aussage hat zwar verdeckt, aber notwendig zur Voraussetzung, dass die Autoren von *schlechter* Abstimmung zwischen bestehender Schule und Arbeitsmarkt ausgehen. Sie erwarten eine Lösung von der »Marktorientierung«. Damit diese Erwartung vernünftig sein kann, müsste sich die marktwirtschaftliche Reform der Schule aber auch auf die Zieldefinition erstrecken und darf nicht in der oben beschriebenen Weise auf die Zielerreichung beschränkt bleiben. Wenn die Zieldefinition dagegen sich im Prozess der freiwilligen Vergesellschaftung von selber ergeben soll, ist es unmöglich, vorgegebene Zielgrößen zu verwirklichen. Eine klassisch planwirtschaftliche Aussage Guido Westerwelles (FDP) in dem gleichen Band sagt allerdings: »[E]ine Informationsgesellschaft braucht nicht nur Akademiker.«[92] Hier wird verborgen die *leistungsunabhängige* Selektionsfunktion der Schule angemahnt: Angenommen, alle Schüler eines Jahrgangs würden ein gedachtes objektives Leistungskriterium erfüllen, müsste die Schule das Kriterium zur Vergabe der Studienerlaubnis heraufsetzen, damit nicht mehr Abiturienten entstehen, als die »Informationsgesellschaft« angeblich »braucht«. In Wirklichkeit geht es allerdings wohl eher darum, nicht mehr Studienanfänger zu haben, als haushaltspolitisch zu verkraften sind. Marktwirtschaftlich

91 Bernd Fahrholz, Sigmar Gabriel und Peter Müller (Hg.), *Nach dem Pisa-Schock*, Hamburg 2002, S. 12.
92 In: Fahrholz / Gabriel / Müller (Hg.), ebd., S. 77.

gesehen lässt sich dazu nur sagen: Falls die Nachfrager selbst dann »Akademiker« zu werden wünschen, wenn dies nicht mehr höchste Einkommen garantiert, weil die entsprechenden Berufe bereits überfüllt sind, dann kann ihnen trotzdem nicht verwehrt werden, entsprechende Unterrichtsprodukte zu erwerben.

Um als sinnvoll gelten zu dürfen, müsste die Erwartung an die marktwirtschaftliche Struktur der Schule völlig anders formuliert werden: Die Nachfrager – seien es die Kinder und Jugendlichen oder die Eltern an ihrer statt – werden nie eine Wahl treffen, die ihnen nachteilig zu sein scheint. Dabei ist die Möglichkeit, dass sich die Nachfrager täuschen, allerdings durchaus mit zu berücksichtigen und unverzichtbarer Teil des Marktprozesses.[93] Marktwirtschaftliche Strukturreformen der Schule würden einen Paradigmenwechsel von der Vorgabenorientierung hin zu der Akzeptanz subjektiver Entscheidungen einschließen.

[8] Positiven, teils illusorischen Erwartungen an marktwirtschaftliche Strukturreformen des Schulwesens stehen massivste Bedenken großer Teile der traditionellen Erziehungswissenschaft gegenüber.[94] Sowohl vorliegende theoretischen Erwägungen als auch diskutierte empirische Materialien kranken jedoch zum Teil daran, dass zwischen marktwirtschaftlicher Rhetorik und tatsächlich realisierter Bedingung der Freiwilligkeit im Schulwesen nicht unterschieden wird. Aber es gibt auch Einwände, die den marktwirtschaftlichen Ansatz wesentlich betreffen.

93 In einer Situation, in der Individuen nicht irren können, gibt es Hayek zufolge keine Differenz zwischen Markt und Plan.

94 Radtke / Weiß, *Schulautonomie …* (Anm. 73).

»Ganz sicher«, schreibt Frank-Olaf Radtke, könne marktwirtschaftliche Steuerung der Schule »Chancengleichheit und soziale Kohäsion« nicht gewährleisten; er verweist auf »beinahe jahrhundertealten Erfahrungen der USA mit der Segregation durch Schulwahlmöglichkeiten.«[95]

Dieser Satz Radtkes lässt indirekt es erscheinen, als würden »Chancengleichheit und soziale Kohäsion« durch das gegenwärtige staatliche Schulwesen gewährleistet, was jedoch kaum jemand in einer solchen positiven Formulierung behaupten würde. Es kann demnach bloß um die relative Aussage gehen, die marktwirtschaftliche Strukturreform der Schule führe zu stärkerer rassischer und sozialer Segregation aufgrund von freier Schulwahl und rufe darüber hinaus eine größere Chancenungleichheit durch die ungleiche Finanzkraft der Eltern hervor. Der empirische Befund von Sally Tomlinson zur Segregationstendenz unter der Bedingung von Wahlfreiheit lautet:

»In Großbritannien fühlen sich weiße Eltern durch die freie Schulwahl dazu legitimiert, Schulen mit einem hohen Anteil an Minderheitenschülern zu meiden.«[96]

Nun haben wir in der Tat festgestellt, dass bestimmte Ziele mit der Bedingung freiwilliger Vergesellschaftung unvereinbar seien, und zwar alle diejenigen, die den subjektiven Entscheidungen der Nachfrager zuwiderlaufen. Ein Ziel wie »Schulen sollen soziale Integration erreichen« ist strukturgleich mit dem »Schulen sollen nur so viele Akademiker hervorbringen, wie das Beschäftigungssystem benötigt«. Beide Ziele sind mit dem Marktprozess nicht kompatibel. Allerdings würde dies auch für die jeweiligen Umkehrungen beider genannter Ziele gelten: »Schulen sollen ethnische

95 Frank-Olaf Radtke, in: Radtke / Weiß, ebd., S. 28f.
96 Sally Tomlinson, *Wie wirken sich Bildungsmärkte auf ethnische Minderheiten aus*, in: Radtke / Weiß, ebd., S. 208f.

Segregation aufrechterhalten« und »Schulen sollen mehr Akademiker hervorbringen, als vom Arbeitsmarkt aufgenommen werden können«. Die Umkehrung der jeweiligen Forderung macht deutlich, dass sich der Prozess freiwilliger Vergesellschaftung nicht inhaltlich bestimmen lässt.

Dies gilt analog etwa auch für das mit dem Marktprozess konkurrierende Modell der Demokratie: Es ist nicht der inhaltliche Ausgang einer Entscheidung, der darüber befindet, ob eine Entscheidung als demokratisch oder als undemokratisch zu gelten habe, sondern die Einhaltung des formalen Prozesses. Ebenso wenig definiert sich Gerechtigkeit unter dem Gesichtspunkt des Marktes nach einem inhaltlich festgelegten Ziel, sondern nach dem Prozess, durch den das Ziel zustande kommt.

Da die öffentlichen Schulen, wie wir gesehen haben, immer ein Kompromiss zwischen unterschiedlichen Ansprüchen aller in der öffentlichen Meinung repräsentierten Steuerzahler darstellen und dabei mitunter großen Widersprüchlichkeiten ausgesetzt sind, wäre vom Prozess der freiwilligen Vergesellschaftung demgegenüber zu erwarten, dass es zu kompromissloseren Schulen kommt.

Bezogen auf die Segregationsfrage hieße das: Es würden sowohl deutlich segregierte als auch klar nicht-segregierte Schulen entstehen. Die Segregation kann dabei sowohl von der Mehrheitsethnie als auch von der Minderheitsethnie ausgehen. Schließlich ist es eine häufig anzutreffende Strategie von Minderheiten, eigene kulturelle Institutionen aufzubauen, um ihre ethnische, religiöse und kulturelle Identität auszudrücken – Schulen gehören zu diesen Institutionen überall dort nicht, wo sie zwingend öffentlich sind.

Die Erfahrung mit dem Gutschein-Programm in Milwaukee erfüllt die genannte Erwartung:

»Die Schülerschaft in den teilnehmenden [Gutschein-]Schulen reicht von Schulen, die nur von einer Rasse besucht werden über integrierte Schulen bis hin zu Schulen, die das Wahlprogramm benutzt haben, ihre fast ausschließlich weiße Schülerschaft zu diversifizieren.«[97]

Dem durch Freiwilligkeit strukturierten Schulwesen fehlen nicht prinzipiell Mittel zur Integration. Der Marktprozess lässt *alle* freiwilligen Mittel der Integration – das Angebot integrierenden Unterrichts, Werbung dafür, Aufklärungsaktionen – zu; folglich können weitergehende Mittel, worin sie auch bestehen mögen, ausschließlich derartige sein, die Zwangselemente enthalten. Wer allerdings würde von einer solchen Zwangsintegration profitieren? Die Benachteiligten wohl kaum. Die Zwangsintegration liefert sie nämlich denjenigen aus, von denen sie benachteiligt werden. Gegen das klassische »Integrationsprogramm« der 1960er Jahre beispielsweise, bei dem weiße ebenso wie schwarze Kinder zwangsweise mit Bussen in entfernt gelegene Schulbezirke der jeweils anderen Rasse verbracht wurden *(»bussing«)*, begehrten in den USA nicht nur weiße, sondern gerade auch schwarze Eltern auf.

In anderen Kontexten wird dem Marktprozess übrigens die der Segregation entgegengesetzte Wirkung kritisch vorgehalten: Er würde wünschenswerte Unterschiede – wie etwa kulturelle oder regionale Differenzen – überformen. Alte und neue Globalisierungsgegner kritisieren die ungeheure Integrationskraft des Marktprozesses, wie das etwa in dem Slogan vom Coca-Cola-Imperialismus zum Ausdruck gebracht wird. Positiv gewendet ist der Markt eine Form der Vergesellschaftung, die wie keine andere Diskriminierung

97 John F. Witte, *Fourth Year Report: Milwaukee Parental Choice Program*, Madison 1995, S. 15. Bei semi-privaten *»Charter Schools«* ergibt sich ein ähnlich uneinheitliches Bild; vgl. Beryl Nelson u. a., *The State of Charter Schools: Fourth-Year Report*, U.S. Department of Education 2000, S. 32.

überwinden hilft. Ein Beispiel aus der deutschen Schulgeschichte. Der Direktor eines Gymnasiums sagte 1890 nach Einführung der Schulgeldfreiheit rückblickend:

> »Ich habe es in den letzten Jahren« (gemeint ist: nach Einführung staatlicher Finanzierung der Schule) »erreicht, dass die Schülerkategorien, die in das Gymnasium eingetreten sind, sich wesentlich verändert haben. Früher« (gemeint ist: vor der Einführung der staatlichen Finanzierung der Schule) »nahm ich bei der Anmeldung alles, was kam, zur Prüfung an. Da ich an einer städtischen Anstalt wirkte und das Kuratorium sagte: Wir müssen Schüler haben, das Schulgeld muss herausgebracht werden, so blieb mir nicht viel anderes übrig.«[98]

Ökonomisch ausgedrückt würde es unter der marktwirtschaftlichen Bedingung auch im Schulwesen einen Preis für Diskriminierung geben:[99] Schulen, die ihre Schüler- und Lehrerschaft aus nur einer Rasse oder Schicht rekrutieren, müssen potenziell zahlungswillige Kunden anderer Rassen abweisen und gute preiswerte Arbeitskräfte anderer sozialer oder rassischer Herkunft ablehnen. Weniger Kunden und teuere Arbeitskräfte bedeuten, dass Grenzkosten steigen. Der Profit des Unternehmens sinkt, und die Eltern, die ihre Kinder auf eine rassisch getrennte Schule schicken, müssen dafür einen höheren Preis entrichten, ohne einen anderen Vorteil als den der »Reinheit« zu erhalten. Es mag Eltern geben, die den Preis für die Diskriminierung zahlen, und Unterrichtsfirmen, die den geringeren Profit hinnehmen, aber es wird, wie Erfahrungen in anderen Marktsegmenten zeigen, wohl kaum die Mehrheit sein.

Freie Schulwahl führt in der gegebenen Struktur staatlicher Finanzierung zur rassischen oder sozialen Segregation, weil durch die staatliche Finanzierung der Schulen der Preis auf

98 Diese Aussage ist zitiert nach: Herwig Blankertz, *Die Geschichte der Pädagogik*, Wetzlar 1982, S. 125.

99 Zum Konzept des »Preises auf Diskriminierung« vgl.: Stefan Blankertz, *Das libertäre Manifest*, Berlin ²2015, edition g. 104, S. 126ff.

Diskriminierung gesenkt wird. Es kann einen indirekten Preis *(»opportunity costs«)* durch eventuell längere Schulwege geben, direkte Kosten – also für die Nachfrager ein höheres Schulgeld, für die Anbieter höhere Aufwendungen für Personal – entstehen aber nicht.

Negative Erwartungen, das von Freiwilligkeit strukturierte Schulwesen würde die *Segregation* verschärfen, lassen sich nicht in dem Sinne entkräften, dass Integration als verbindliches Ziel aufrecht erhalten werden könnte. Allerdings sind die Erfahrungen mit der »freien Schulwahl« kein Beweis für die mangelnde Integrationskraft des Marktprozesses, da die segregierende Wirkung der freien Schulwahl auf einen staatlichen Aspekt des Schulwesens zurückgeht, nämlich die Finanzierung durch Steuern.

Negative Erwartungen, das von Freiwilligkeit strukturierte Schulwesen würde die *Chancengleichheit* zerrütten, gehören zweifellos zu den schärfsten Vorbehalten. Dabei sieht man allerdings von der Problematik des Begriffs »Chancengleichheit« ab. Denn wer kann sich vorstellen, dass es im *bestehenden*, staatlichen Schulsystem pädagogisch gelingen könnte, frei nach Comenius »allen alles« beizubringen und jeden zum gleichen Schulabschluss zu verhelfen? Wer wollte davon ausgehen, dass ein solches Unterfangen, 100 % einer Schülergeneration zum Abitur zu führen, aus öffentlichen Haushalten finanziert werden könnte? Und wer dürfte denn erwarten, dass die auf eine solche (fiktive) Weise zu einem einheitlichen Abschluss geführten Schüler später auch die gleichen Chancen auf begehrte und gut bezahlte Arbeitsplätze erhalten? Diese Fragen gehören nicht zu dem Thema, welche Folgen eine marktwirtschaftliche Strukturreform des Schulwesens haben würde, zeigen aber, dass »Chancengleichheit« kein ideologiefreies Kriterium zur Beurteilung der *bestehenden* Schulstruktur darstellt.

Anstelle des problematischen Begriffs der »Chancengleichheit« beschränke ich mich auf die Auswirkungen der marktwirtschaftlichen Strukturreform des Schulwesens auf den allgemeinen und ungehinderten Zugang zu den Bildungsinstitutionen. Dass die Bedingung der Freiwilligkeit einen solchen »allgemeinen und ungehinderten« Zugang *nicht* bieten kann, ist weniger Erwartung als Notwendigkeit, da »den Schulen die Möglichkeit der Ablehnung von Schülern eingeräumt«[100] wird. Allerdings ist hier an den vorherigen Abschnitt anzuknüpfen. Im Marktprozess muss ein Unterrichtsbetrieb sich die Ablehnung eines Schülers sehr gut überlegen. Ein interessanter Fall ist etwa Indonesien: Dort hat ein effizientes Privatschulwesen in der Sekundarstufe sich für die Schüler herausgebildet, die von prestigereichen, mit engen Aufnahmekriterien operierenden öffentlichen Schulen *abgelehnt* werden. Die Effizienz zeigt sich daran, dass Abgänger der öffentlichen Schulen auf dem Arbeitsmarkt zwar höhere Einstiegsgehälter bekommen, die Ab-

100 Frank-Olaf Radtke, *Schulautonomie, Sozialstaat und Chancengleichheit*, in: Radtke / Weiß, a. a. O., S. 29.
101 Arjun Bedi und Ashish Garg, *The Effectiveness of Private versus Public Schools: The Case of Indonesia*, in: Journal of Development Economics, Vol. 61 (2000), S. 463-494
102 Paul Glewwe / Harry Patrinos, *The Role of the Private Sector in Education in Vietnam*, in: World Development, Vol. 27, No. 5, S. 887-902, 1999. Vgl. besonders S. 891: Im Bereich der Sekundarstufe II besuchen über 13% der Schülerschaft aus der sozioökonomischen Schicht »unteres Mittel« eine private Schule, aber nur 0,7% der »Reichsten«.
103 Mit der Konkurrenz, die öffentlichen Schulen durch *»school choice«*-Programme entsteht, werden diese besser (höhere Leistung der Schüler, größere Zufriedenheit der Eltern), *wenn* ihnen Mittel entzogen werden in Relation zu der Zahl der Schüler, die zu Privatschulen abwandern. Vgl. oben den Abschnitt über Wisconsin; sowie Jay P. Greene, *An Evaluation of the Florida A-Plus Accountability and School Choice Program*, Center for Civic Innovation, Februar 2001. Ich schlage vor, dies »Friedman-Effekt« zu nennen.

gänger der privaten Schulen aber später dieses Manko wettmachen und sich besser bewähren, sodass ihr »Bildungsnutzen« insgesamt größer ist.[101] Eine ähnliche Entwicklung zeichnete sich in Vietnam ab.[102]

Bloß dann fällt es »leicht«, Schüler abzulehnen, erfolgt die Finanzierung der Schule unabhängig von der Schülerzahl.[103] Vom Standpunkt der sozialen Gerechtigkeit aus gesehen ist es dann allerdings in der Tat schwer einzusehen, warum eine staatlich finanzierte Schule das Recht haben sollte, einen Schüler abzulehnen, dessen Eltern mit ihren Steuern die Schule bereits bezahlt haben.

Ein zweiter Aspekt der erwarteten Ungleichbehandlung von Schülern verschiedener Sozialschichten ist mit dem Marktprozess jedoch unmittelbar verknüpft: Wenn die Schulen nicht staatlich finanziert werden, hängt an der Zahlungskräftigkeit des Nachfragers die Möglichkeit von Inanspruchnahme. Jeder hat formal das Recht, ein Auto der Marke Jaguar zu kaufen, nicht aber hat jeder die finanziellen Mittel dafür.

Die Steuerzahler insgesamt bezahlen das öffentliche Schulwesen. Wenn es nicht staatlich finanziert würde, müssten die Steuerzahler den für das Schulwesen vorgesehenen Steueranteil zurück erhalten (es sei denn, der Staat benutzt diese Maßnahme, um seine Steuereinnahmen in Relation zu den Ausgaben zu erhöhen). – Es geht also nicht darum, ob die Bevölkerung in ihrer Gesamtheit in der Lage sei, Bildungsinvestitionen zu tätigen. Sie *ist* dazu in der Lage, weil sie es, wenn auch indirekt, bereits tut. Vielmehr geht es um eine von den Verteidigern des öffentlichen Schulwesens unterstellte Umverteilung: Die Reichen bezahlen – dieser Ansicht zufolge – mehr für die Schulen, als sie in Anspruch nehmen, während die Armen weniger bezahlen, als sie in Anspruch nehmen.

Diese Ansicht ist sowohl ökonomisch als auch soziologisch gesehen fraglich.
Um an dieser Stelle nicht die von der Pädagogik gänzlich unabhängigen Gebiete der Regressivität der Steuern und die Produktion von Armut behandeln zu müssen, will ich hier wiederum auf das ausführlich diskutierte Gutscheinkonzept von Milton Friedman zurückkommen. Innerhalb des Gutscheinkonzeptes wird die Marktbedingung aber nur erfüllt, wenn die Haushalte nicht gezwungen werden, die Summe, über die der Gutschein verfügen lässt, tatsächlich für das Produkt Unterricht aufzuwenden. Verfechter der Chancengleichheit werden damit nicht zufrieden sein. Denn es ist wahrscheinlich, dass so genannte »bildungsferne« Haushalte das zurück erstattete oder ausbezahlte Geld nicht für den Einkauf von Unterricht, sondern von Konsumgütern ausgeben. Der Beitrag der Schule zum Lebenseinkommen ist strittig,[104] es bliebe also abzuwarten, in wie weit sich ein solches Verhalten tatsächlich in schlechtere Chancen der Kinder auf Lebenseinkommen umsetzt. Wie dem auch sei:

104 So schrieb zum Beispiel Christopher Jencks in *»Chancengleichheit«* (Hamburg 1973, S. 45): Es seien »nur ziemlich unerhebliche Zusammenhänge zwischen kognitiven Fertigkeiten und Schulbildung einerseits und Status und Einkommen andererseits« festzustellen. Ein nur bescheidener *»return to education«* fordert bis heute institutionell gebundene Bildungsökonomen heraus, ihn schön zu rechnen. Dabei kommt es dann bisweilen zu Absurditäten: Mario Padula / Luigi Pistaferri (*Education, Employment, and Wage Risk*, Centro Studi in Economia e Finanza, Working Paper No. 67, Fisciano 2001, S. 8) gehen davon aus, es gäbe »keine direkten Kosten für die Humankapitalbildung«, weil die Schüler »bei ihren Eltern leben, während sie zur Schule gehen«, obwohl gerade bei unteren Einkommensschichten die substanzielle Frage lautet, ob ein Kind weiter zur Schule gehen kann, um später mehr Gehalt zu bekommen, oder unmittelbar Geld verdienen muss.

105 »Wir können uns [...] keine nicht auf Zwang beruhende Methode vorstellen, die Inanspruchnahme von Bildungsangeboten zu egalisieren«, so bereits Jencks, a.a.O., S. 59.

Eine Chancengleichheit dergestalt, dass sie den Kindern oder ihren Eltern aufgezwungen wird,[105] ist mit einer auf Freiwilligkeit basierenden Struktur des Schulwesens nicht zu leisten.

[9] Müßig wäre es zu denken, der Marktprozess stelle ein willfähriges Steuerungsmittel dar. Vielmehr ist er das Konzept der freiwilligen Vergesellschaftung. Wer dies Konzept wählt, der muss mit der prinzipiellen Offenheit der Ergebnisse des Marktprozesses leben. Wer es aber verwirft, der muss die jeweils befürworteten Zwangsmaßnahmen vernünftig begründen. Es gibt keinen dritten Weg.
Die Behauptung, durch betriebswirtschaftliche Methoden ließe die bestehende Staatsschule sich mit der Vorgabe von bildungspolitischen Zielen verbessern, ist demgegenüber Ideologie. Die Aufgaben dieser Ideologie sind es, einerseits diverse Ziele wie Haushaltskürzungen, Festigung des dreigliedrigen Schulwesens, Lenkung von Schülerströmen, zentrale Prüfungen, Verkürzung der Schulzeit usw. als objektive Notwendigkeiten auszugeben, und andererseits die in ihrer Geduld arg strapazierten Steuerzahler zu beruhigen, alles werde ja getan, um die Schule effizienter zu machen.
Aber der Markt ist nicht die Zauberformel, mit der bessere Bildung in kürzerer Zeit für weniger Geld zu haben ist, sofern man für bessere Bildung eine materiale Definition zugrunde legt. Vielmehr ist der Marktprozess sowohl gegenüber dem Ziel »bessere Bildung« als auch demjenigen »kürzere Zeit« und »weniger Geld« indifferent. Man müsste das Angebot des »Knowledge-Burgers« (kurz und billig) neben dem vom »Humboldt-Gymnasium« (lang und teuer) hinnehmen. Es verhält sich hierbei wie mit der Pressefreiheit: Sie garantiert kein Angebot von kulturell hochstehenden Druckerzeugnissen, ist aber dessen Mög-

lichkeitsbedingung. Der Marktprozess ist dagegen nicht indifferent gegen eine pädagogische Praxis, die eine bloße Normalverteilung bei der Erreichung der versprochenen Ziele schon für erfolgreich hält. Ein McComenius Bildungs-Drive-In, in welchem versprochen wird, allen alles in kurzer Zeit beizubringen, müsste, um auf dem Markt bestehen zu können, dieses Versprechen auch einlösen.[106] Sofern Freiheit die Voraussetzung für das Gelingen von pädagogischen Bemühungen ist, wie Gestalt- und Alternativschulpädagogik es behaupten, muss der politisch-ökonomische Rahmen der Schulpolitik den Beteiligten Wahlmöglichkeiten eröffnen. Für das Gelingen der pädagogischen Praxis wäre es somit unabdingbar, dass die Beteiligten – also Schüler, Eltern und Lehrer – die Möglichkeit haben, sich ebenso leicht gegen Gestaltpädagogik und gegen ein anti-autoritäres Alternativschulkonzept auszusprechen wie dafür. Die Alternativschul- bzw. Free-School-Bewegung ist an den Bedingungen ihrer Finanzierung gescheitert, ebenso jedoch daran, dass ausgewählte Teile ihrer Gedanken in das herrschende öffentliche Schulsystem integriert worden sind.

106 Vgl. Caroline M. Hoxby, *The Effects of School Choice on Curriculum and Atmosphere*, in: Peterson/Mayer (Hg.), *Earning and Learning*, Washington 1999; dies., *Would School Choice Change the Teaching Profession?*, Department of Economics, Harvard University, Working Paper, Januar 2002.

[UN]GLEICHHEIT als Ideologie

Die Erbe-Umwelt-Diskussion

[1] Viele Merkmale der Ungleichheit zwischen menschlichen Individuen beruhen auf Erbe. Haut-, Haar- und Augenfarbe etwa. Beim Längenwachstum ist der Zusammenhang komplizierter. Wer in der Wachstumsphase unterernährt wird oder etwa unerträglichen körperlichen Anstrengungen ausgesetzt ist, dessen Wachstum kann durch die Umwelt empfindlich begrenzt werden.

Niemand bestreitet derartige Zusammenhänge, obwohl sie keineswegs unwichtig sind. Wer in eine Umwelt geboren wird, in der seine Hautfarbe diskriminiert wird, wünscht sich vielleicht oft, dass die Hautfarbe nicht von den Genen bestimmt würde. Bezogen auf das Merkmal »Hautfarbe« liegt jedoch die Lösung für den Diskriminierten nicht in der Veränderung von dessen Hautfarbe, sondern in dem Abbau gesellschaftlicher Diskriminierung.

Eine andere Diskussion verlangt demgegenüber die Fragestellung, wie hoch der erbliche Anteil zum Beispiel an der Intelligenz sei. Wenn die Intelligenz einen hohen Grad an Erbe hätte, dann scheint daraus ja zu folgen, dass es nichts nutze, jemanden zu fördern, der »dumm geboren« wurde. Besonders brisant macht die Fragestellung, wenn zwischen Hautfarbe und Intelligenz ein Zusammenhang hergestellt und behauptet wird, Schwarze seien eben einfach blöder. Das wäre nicht die Folge der Diskriminierung, sondern ihres Erbgutes. Pädagogische oder andere soziale Maßnahmen, um die »dumm geborenen« schwarzen Kinder zu fördern,

Genotyp/Umwelt-Interaktion

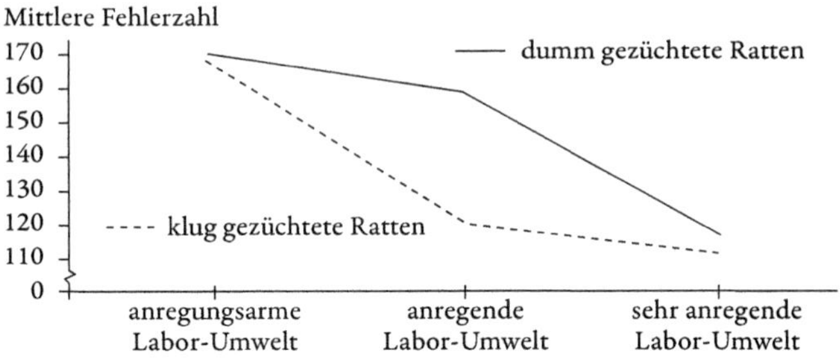

Beispiel einer Genotyp- / Umwelt-Interaktion: Die Genotyp-Züchtung der Ratten reagiert unter verschiedenen Umweltbedingungen jeweils anders. In der anregungsarmen und der sehr anregenden Laborumwelt sind die mittleren Fehlerzahlen bei Intelligenztests beider Genotypen einander ziemlich ähnlich; nur in der etwas, jedoch nicht sehr anregenden Laborumwelt wirken sich die Genotypen als differenzierend aus. (Jensen 1967.) Interessant ist auch das Phänomen der Vererbung von Erfahrungen, gleichsam eine späte Rehabilitation von Jean-Baptiste Lamarck, vgl. z. B. Bernhard Kegel, *Epigenetik: Wie Erfahrungen vererbt werden*, Köln 2009. Die Epigenetik auch in der Diskussion um die Intelligenz in Betracht zu ziehen, bringt eine zusätzliche Komplexität sowie die Auflösung des Gegensatzes zwischen Vererbung und Umwelteinfluss mit sich.

wären demnach verschwendete Gelder. Das ist allerdings voreilig behauptet. Elefantenbullen etwa werden aggressiv »geboren«, jedoch durch Sozialisation in der Gruppe zu friedfertigem Verhalten gebracht. Der Bulle hat also einen aggressiven »Genotyp«, der durch Umweltbedingungen zum friedlichen »Phänotyp« wird.[106a] Das Zusammenspiel zwischen Erbgut (»Genotyp«) und Umwelt, welches einen individuellen »Phänotyp« hervorbringt, ist die *Interaktion*. Extreme Formen von Interaktion gibt es etwa bei Insekten: Nicht die Gene, sondern die Bedingungen am Anfang ihres Lebens entscheiden etwa darüber, ob eine Ameise eine vermehrungsfähige Königin oder eine sterile Arbeiterin wird. Sarah Hrdy nennt dies »mütterliche Effekte«.

Eine Genotyp/Umwelt-Interaktion zeigt die Grafik, S. 150: Im Labor züchtete man Ratten nach »dumm« und »klug« hinsichtlich ihrer Fähigkeit, sich in einem Labyrinth zurechtzufinden. Dann wurden diese beiden Rattenstämme in drei verschiedenen Umwelten mit Aufgaben konfrontiert. In wenig anregender Laborumwelt machen die Rattenstämme ungefähr gleich viele Fehler. Werden die Bedingungen nun leicht verbessert, so ergibt sich ein sehr großer Unterschied zwischen den beiden Rattenstämmen. Der Unterschied aber verschwindet wieder dann, wenn die Bedingungen stark verbessert werden.

Wie »natürlich« ist demnach der Unterschied zwischen dem »dummen« und dem »klugen« Rattenstamm, wenn wir die mittlere Umweltbedingung betrachten? Der Unterschied geht zwar vermutlich auf das Erbgut zurück und ist darum eventuell als »natürlich« zu bezeichnen. Dies besagt jedoch nicht, dass der Unterschied notwendigerweise fortbesteht: Weder unter schlechteren noch unter besseren Be-

106a Rob Slotow et. al, *Killing of Black and White Rhinoceroses by African Elephants in Hluhluwe-Umfolozi Park*, in: Pachyderm 31, 2001.

dingungen zeigt sich ein Unterschied. Interessanterweise stammt dieses Beispiel aus einer Abhandlung von Arthur Jensen,[107] der vehement die These einer hohen Erblichkeit der Intelligenz vertritt, und daraus abgeleitet behauptet, die Programme zur Unterstützung von weniger »begabten« Kindern seien zum Scheitern verurteilt. Im Jahre 1994 veröffentlichten Richard J. Herrnstein und Charles Murray ihr umstrittenes Buch »*The Bell Curve*«, in welchem sie ähnlich wie Jensen argumentieren.

[2] Der theoretische Zusammenhang der zwei Einflussfaktoren »Erbe« und »Umwelt« auf ein beliebiges Merkmal wäre recht einfach auszudrücken, sofern es einzig diese beiden Faktoren gäbe:

1. Wenn Individuen mit unterschiedlichen Genen in einer absolut identischen Umwelt sich aufhalten (und immer aufgehalten haben), so ist 100 % der Differenz zwischen ihnen genetisch bedingt. (Es gibt noch eine weitere Situation, in der alle Differenzen ein Ausdruck der genetischen Anlagen sind; diese Situation kann erst unten nach der Erläuterung des Modells beschrieben werden.)
2. Wenn sich Individuen mit identischen Genen in unterschiedlichen Umwelten aufhalten, so sind 100 % aller ihrer Differenzen umwelt- oder sozialisationsbedingt.
3. Wenn Individuen mit identischen Genen unter verschiedenen Umweltbedingungen keine Differenzen in einem Merkmal herausbilden, kann man davon ausgehen, dass bei diesem Merkmal keine Gen/Umwelt-Interaktion stattfindet (Genotyp = Phänotyp).
4. Wenn Individuen identischer Gene unter verschiedenen

107 Arthur Jensen, *Wie sehr können wir Intelligenzquotient und schulische Leistung steigern?* (1967), dokumentiert in: Helmut Skowronek (Hg.), *Umwelt und Begabung*, Stuttgart 1973 (auch Berlin 1982).

Umweltbedingungen große Differenzen in einem Merkmal herausbilden, kann man davon ausgehen, dass bei diesem Merkmal eine starke Interaktion zwischen den Genen und der Umwelt stattfindet (Genotyp ≠ Phänotyp) oder dass gar kein genetischer Einfluss vorliegt.
Nehmen wir an, es stellte sich heraus, dass ein bestimmtes Gen bei Menschen dahin führt, Nüsse zu verzehren, würde die Gefahr einer Krebserkrankung erhöhen. Bilden wir eine Gruppe von Nussessern (*und* stellen sicher, dass alle anderen Risikofaktoren in den Gruppen sich randomisieren lassen), ist deren unterschiedliches Krebsrisiko zu 100 % auf das Erbe zurückzuführen. Bilden wir eine Gruppe von Trägern dieses Gens, in der sich Nuss- und Nichtnussesser befinden, geht die Differenz zwischen deren Krebsrisiko zu 100 % auf das Konto des Umwelteinflusses. In einer Gruppe von Nichtnussessern würde das fragliche Gen ebenso aus Gründen des Umwelteinflusses keine Rolle spielen.
Die Schwierigkeit, diese relativ einfachen Zusammenhänge an Merkmalen menschlicher Individuen empirisch zu überprüfen, liegt darin, dass wir weder identisch genetisch ausgestattete Genotypen in unterschiedliche Umwelten verpflanzen noch den Faktor »Umwelt« genau kontrollieren können. Was wäre eine »völlig identische Umwelt« für zwei menschliche Individuen?
Um uns über die Bedeutung der Zusammenhänge zwischen Genotyp und Phänotyp klarer zu werden, brauchen wir ein Modell, das die fehlende Empirie ersetzt. Damit das Modell nicht vollkommen willkürlich ist, ist es einem natürlichen Kontext entnommen, nämlich der Pflanzenwelt.
Wir können uns vorstellen, dass wir »reinerbige« Pflanzensamen haben, die wir in verschiedenen Umweltbedingungen testen. Die Werte der Tabelle auf der Seite 154 bezeichnen das Längenwachstum der Pflanzen. Sie sind angelehnt an die

Umwelt	I		II		III		max		equal	
	cm	Rang	cm	Rang	cm	Rang	cm	Rang	cm	Rang
Genotyp A	15	4	45	1	52	1	52	1	45	1
Genotyp B	18	3	32	3	32	4	32	5	32	4
Genotyp C	45	1	34	2	31	5	45	2	34	3
Genotyp D	31	2	28	4	38	2	38	3	31	5
Genotyp E	12	5	25	5	25	6	25	6	25	6
Genotyp F	11	6	10	6	36	3	36	4	36	2

Differenzen **vertikal** 100 % *genetisch* bedingt
Differenzen **horizontal** 100 % *umweltbedingt*

	I	II	III	max	equal
s[1]	13,4	11,6	9,2	9,5	6,6
Schnitt	22,0	29,0	35,7	38,0	33,8
1+2 zu ø[2]	+16,0	+10,5	+ 9,3	+10,5	+ 6,7
5+6 zu ø[3]	−10,5	−11,5	− 7,7	− 9,5	− 5,8
Abstand[4]	26,5	22,0	17,0	20,0	12,5

1 Standardabweichung zwischen den cm-Werten (vertikal).
2 Durchschnittlicher Abstand von Rang 1+2 zum Gesamt-Durchschnitt bzw.
3 von Rang 5+6 zum Gesamt-Durchschnitt.
4 Abstand des Durchschnitts von Rang 1+2 zum Durchschnitt von Rang 5+6.

Dies ist ein *Modell.* Es ist angelehnt an ein Experiment von Lewontin mit Achillea-Pflanzen, in welchem es um das Längenwachstum verschiedener Genotypen in unterschiedlichen Umwelten geht: Ein in der *einen* Umwelt starker Genotyp kann in einer *anderen* Umwelt schwach sein (dies ist ja auch evolutionsbiologisch anzunehmen). Die Erkenntnis, die aus meiner matrixförmigen Darstellung sich ergibt, lautet: Je nach dem, *wie* man sie liest, zeigt sich, dass 100 % der Unterschiede umwelt- resp. genbedingt sind. Es handelt sich um die *Perspektive,* nicht um zwei Betrachtungsweisen, die sich ausschließen.

Werte, die Richard C. Lewontin für Achillea-Pflanzen ermittelt hat.[108] Die Umweltbedingungen, unter denen er das Wachstum von Achillea-Pflanzen beobachtete, sind Mittellage (= meine Umwelt I), Hochgebirge (= Umwelt II), sowie Tiefland (= Umwelt III).

In diesem Modell gibt es sechs Genotypen von A bis F. Für den Genotyp A bilden die Umwelten eine klare aufsteigende Linie: Unter Umwelt I gedeiht er am wenigsten gut, unter Umwelt III am besten. Genotyp B macht von Umwelt I nach Umwelt II auch einen Wachstumssprung. Dann bringt jedoch die Umwelt III keine weiteren Vorteile. Die Umwelt I ist für die meisten Genotypen die schlechteste Möglichkeit, aber nicht für alle: Genotyp C gedeiht hier am besten, unter Umwelt III, für alle anderen Genotypen optimal, gedeiht er dagegen am schlechtesten.

In der Horizontalen sind alle Unterschiede zu 100 % durch die Umwelt bedingt. Es handelt sich um die Werte für genetisch identische Pflanzen. Vertikal gelesen zeigt die Tabelle Differenzen, die zu 100 % durch Gene verursacht werden, weil es sich um identische Umwelten handelt.

Obwohl also in Umwelt I eine sehr große »Ungleichheit« herrscht, die zu 100% »natürlich« (erblich) ist, bedeutet dies nicht, dass sich nichts daran ändern ließe. Betrachten wir Genotyp F, das Schlusslicht in Umwelt I (Rang 6). Selbst die Umwelt II, für die meisten Genotypen ein Fortschritt, bringt für den Genotyp F nichts. Ja, er verschlechtert sein Wachstum, und der Abstand zu den anderen wird größer. Während Typ F in Umwelt I mit Typ E fast gleich ist, ist er in Umwelt II 15 cm kleiner. In Umwelt III macht er jedoch einen Wachstumssprung und verbessert sich auf Rang 3.

Welchen Schluss nun würde der Gärtner aus solchen Werten

108 Richard Lewontin, *Gene, Umwelt und Organismen*, in: Robert Silvers, *Verborgene Geschichten der Wissenschaft* (1995), München 1999, S. 132.

ziehen? Er würde *nicht* sich um eine »gleiche« Umwelt für alle Genotypen sorgen, sondern um die jeweils beste Umwelt. Diese Bedingung ist in der Spalte *»max«* simuliert. Auch die Spalte »max« zeigt – vertikal gelesen – genetisch bedingte Differenzen. Das ist die oben erwähnte zweite Möglichkeit, unter der alle Unterschiede auf Gene zurückgehen: Wenn jeder Genotyp in *seiner* optimalen Umwelt wächst, sind die Unterschiede keinem hinderlichen Umwelteinfluss zuzuschreiben!

Wer als Ideal die »Gleichheit« hat, müsste allerdings eine andere Umweltkonstellation als die in »max« simulierte anstreben: Es wäre ja denkbar, die Umweltbedingungen für die Genotypen so zu mischen, dass alle möglichst gleiche Werte haben (Spalte *»equal«*).* Ein ungerechtes Ansinnen, weil es Individuen *weniger* Entwicklungsmöglichkeiten einräumt, als sie Potenzial hätten (hier die Typen C, A und D). Gleichwohl gab es – und gibt es – Versuche, solche Umweltbedingung zu schaffen, etwa kommunistische Regime, antiautoritäre oder religiöse Gruppierungen.

Tun wir nun so, als handele es sich bei der Population von Achillea-Pflanzen um eine Gesellschaft von menschlichen Individuen und analysieren sie soziologisch. Statt der cm-Werte könnten wir uns vorstellen, dass es IQ-Werte sind (um realistische IQ-Werte zu erhalten, muss jeweils 65 hinzuaddiert werden). Es könnten aber auch durchschnittliche Jahreseinkommen in 1 000 $ sein (obwohl es schwer fallen dürfte, dies als Funktion eines Genotyps darzustellen).

Umwelt I wäre vielleicht die amerikanische Gesellschaft in der Mitte des 20. Jahrhunderts. Es gibt starke Ungleichheit, besonders die »Unterschicht« – Typ E und F – hat einen

* Die Standardabweichung beträgt 6,615. Genotyp D sein volles Potenzial ausschöpfen zu lassen (38), steigert sie auf 6,633. C auf 31 zu begrenzen, auf 6,713. Nur A auf 45 zu deckeln, ergibt s = 7,731.

deutlichen Abstand zu den anderen. Wirtschaftliche Entwicklung und soziale Maßnahmen verändern die Umwelt nun in Richtung auf II und III. Die Unterschiede werden geringer. Man kann das an verschiedenen Parametern sehen: Die Standardabweichung (s) zwischen allen Werten wird kleiner. Der Abstand der Ränge 5 und 6 (»Unterschicht«) zu den Rängen 1 und 2 (»Oberschicht«) nimmt ab. Die Intelligenz resp. die Prosperität nimmt deutlich zu (steigende Durchschnittswerte). Das ist übrigens Realität: Der durchschnittliche IQ-Wert in Industrieländern ist in den letzten Jahrzehnten deutlich gestiegen. (»Flynn-Effekt«.)
Statistisch gesehen ist die Veränderung von Umwelt I erst zu Umwelt II und sodann zu Umwelt III ein Fortschritt: Der Durchschnittswert (IQ oder Einkommen) steigt, die Unterschiede werden geringer. Wenden wir uns Genotyp C zu, dem Spitzenreiter (Rang 1) in Umwelt I. Für ihn bedeutet die Veränderung keinen Fortschritt, sondern eine empfindliche Beschneidung seiner Möglichkeiten.
Auf diese Konstellation haben die libertären Kritiker an der Gleichheits-Ideologie immer wieder hingewiesen. So stellte Paul Goodman (1964) die Hypothese auf, dass z.B. Schulbesuch nicht für alle Kinder der beste Weg sei, sich auf das Leben und den Beruf vorzubereiten. Kinder, welche in der Schulumwelt nicht gedeihen, werden in dem Maße, in dem die staatliche Schule den Zugang zu der Gesellschaft monopolisiert, Nachteile erleiden. (»Goodman-Hypothese«.)

[3] Das, was einer Vielzahl von identischen Genotypen am nächsten kommt, sind eineiige Zwillinge. Der »Nachteil« bei Zwillingen ist, dass es bloß zwei sind (wogegen es viele Umwelten gäbe, die getestet werden sollten) und dass sie normalerweise in fast identischer Umwelt aufwachsen – sogar bereits vor der Geburt. Darum stützt sich

IQ-Werte* eineiiger Zwillinge

Paar	1	2	3	4	5	6	7	8
X	100	120	89	114	103	75	90	104
Y	100	119	90	115	97	82	110	118
	← $r = 0{,}998 \cdot r^2 = 0{,}996$ →				← $r = 0{,}71 \cdot r^2 = 0{,}5$ →			
	← $r = 0{,}81 \cdot r^2 = 0{,}66$ →							
	← $r = 0{,}84 \cdot r^2 = 0{,}71$ →							

* Diese Werte sind in jenem Sinne fiktiv, dass sie keiner Untersuchung von Zwillingspaaren entstammen; sie sind jedoch realistisch, d.h. im Rahmen der Ergebnisse, die entsprechende Untersuchungen ergeben haben. Es geht um die Darstellung, welche enormen Spannweiten bei Maßkorrelationen möglich sind, auf die Zwillingsstudien kommen. – Statistiker empfehlen in der Regel eine Quadrierung von r zu r^2 (Determinationskoeffizient, Bestimmungsmaß), um der Überschätzung von Korrelationen vorzubeugen. Studien zu getrennt aufgewachsenen, eineiigen Zwillingen kommen meist zu Ergebnissen, die um eine Korrelation von $r = 0{,}7$ liegen. Zum Beispiel Thomas Bouchard u.a., *Sources of Human Psychological Differences: The Minnesota Study of Twins Reared Apart*, in: Science, October 1990, S. 226. Ergebnisse aus der Erfassung rassenübergreifender Adoptionen (*Minnesota Transracial Adoption Study*, 1976 u. 1986, Sandra Scarr, Richard A. Weinberg) werden von beiden Seiten der Debatte als empirischer Beleg herangezogen, was zeigt, dass sie nicht eindeutig sind. Viel wichtiger wären jedoch drei nicht berücksichtigte Rückfragen aus dem Lewontin-Modell: Wie groß ist der Unterschied der Umweltbedingungen zwischen den biologischen und den Adoptiveltern? Wie unterschiedlich sind zwischen den Adoptiveltern die Umweltbedingungen? Schließlich: Sind die Umweltbedingungen der Adoptiveltern dem Genotyp der von ihnen adoptierten Kinder förderlich oder nicht? Genau dies ist, auf dem Hintergrund der Überlegungen von Paul Goodman eine entscheidende Frage. Denn selbst eine hohe Herabilität bedeutet nicht, dass ein Merkmal invariant ist, sofern wir von einer Gen-Umwelt-Interaktion ausgehen.

die Zwillingsforschung auch auf den Vergleich von eineiigen zusammen aufwachsenden mit eineiigen, aber getrennt aufwachsenden Zwillingen. Aber schon eineiige Zwillinge gibt es nicht häufig. Eineiige Zwillinge, die von klein auf getrennt werden und die der Forschung zur Verfügung stehen, sind noch seltener – so selten, dass Cyril Burt ab den beginnenden 1940er Jahren etliche Daten für eineiige Zwillinge erfand.[109a] Damit sind alle statistischen Aussagen über diese Zwillingspaare rein spekulativ.

Eineiige Zwillinge, die gemeinsam aufwachsen, müssten in ihren IQ-Werten vollständig übereinstimmen, und zwar sowohl nach der genetischen als auch nach der umweltorientierten Hypothese: Sie verfügen über die gleichen Gene und sie leben in Umwelten, die einander so ähnlich sind wie nur überhaupt möglich. Der lineare Zusammenhang zwischen zwei Wertreihen wird in der Statistik mit »r« (Maßkorrelation) ausgedrückt. Bei r = 1 besteht eine absolute Übereinstimmung, bei r = −1 besteht absolute Entgegensetzung, und bei r = 0 besteht kein linearer Zusammenhang.

Um die Frage der Korrelation zwischen den Zwillingspaaren anschaulicher zu machen, sind in der Tabelle S. 158 eine Reihe von fiktiven Werten zusammengestellt. Die ersten vier Zwillingspaare haben jeweils die gleichen oder fast die gleichen Werte. Die Maßkorrelation zwischen den Werten beträgt r = 0,99. Das würde der Voraussage entsprechen, dass eineiige Zwillinge sowohl aufgrund der Gleichheit ihrer Gene als auch aufgrund der Gleichheit von ihren Umweltbedingungen den gleichen IQ haben müssten.

Die Empirie macht der Voraussage allerdings einen pädagogisch optimistisch machenden Strich durch die Rechnung.

109a Stephen J. Gould, *Der falsch vermessene Mensch* (1981), Frankfurt am Main 1999, S. 259ff. Die erweiterte amerikanische Ausgabe von 1996 setzt sich auch kritisch mit »*The Bell Curve*« auseinander.

Der empirische Mittelwert für 14 Studien, die Jensen ausgewertet hat, ergibt für zusammen aufgewachsene Zwillinge eine Maßkorrelation von mageren r = 0,87 (r^2 = 0,76). Zunächst mag r = 0,87 sehr hoch erscheinen. Aber werfen wir einen Blick auf Tabelle auf Seite 158. Eine ungefähr entsprechende Maßkorrelation ergibt sich, wenn wir zu den Paaren 1 bis 4 noch die Paare 5 bis 7 hinzunehmen. Durchschnittlich weichen die Paare 1 bis 7 um 5,2 IQ-Punkte ab, das entspricht tatsächlich der niedrigsten in empirischen Studien gefundenen durchschnittlichen Abweichung.[109b] Doch der statistische Durchschnitt hat seine Tücken. Unter den sieben Paaren befindet sich z. B. auch Paar Nr. 7, das um 20 IQ-Punkte abweicht. Eine solche Abweichung ist bedeutsam; das möchte ich an den Zwillingspaaren 5 und 6 zeigen: Beim Zwillingspaar 6 liegen die IQ-Werte um nur sieben Punkte auseinander – das wäre nach der Standardmeinung der empirischen Intelligenzforschung aber genug, um den *einen* Zwilling zum nahezu debilen Menschen zu stempeln, den *anderen* jedoch zu einem halbwegs intelligenten. Ein IQ-Wert von 80 Punkten wird nämlich als »Scheidelinie« benutzt, um die Auswirkungen von ausgeprägter Minderleistung z. B. der Mütter auf die kindliche Entwicklung zu testen. Bei Zwillingspaar 5 liegen die IQ-Werte noch dichter zusammen, nämlich mit einem Abstand von 6 Punkten. Herrnstein und Murray schlüsseln ihre Daten über die Auswirkungen des IQs auf soziale Parameter wie »Leben unterhalb der Armutsgrenze«, »Schulabbruch«, »Abhängigkeit von Sozialhilfe«, »Arbeitsunfähigkeit«, »Anfälligkeit für Kriminalität« folgendermaßen auf: Stichproben, bei denen der durchschnittliche IQ bei 97 liegt, und Stichproben, bei

109b Kurt Gottschaldt, *Begabung und Vererbung*, in: Heinrich Roth (Hg.), *Umwelt und Begabung*, Stuttgart 1969, S. 131f.
109c Skowronek 1973, a. a. O., S. 229.

denen der durchschnittliche IQ bei 103 Punkten liegt. Obwohl nur sechs Punkte Differenz bestehen, hat dieser Studie zufolge jene Gruppe mit durchschnittlichem IQ von 97 Punkten deutlich höhere Risiken, in die erwähnten sozial negativen Situationen zu geraten. Bezogen auf Zwillingspaar 5 hieße das demnach, dass der eine der Zwillinge ein viel größeres soziales Risiko hätte als der andere.

Da es sich um gemeinsam aufwachsende eineiige Zwillinge handelt, fragt sich, wie diese Differenzen überhaupt erklärlich sind: Entweder gibt es einen weiteren Einflussfaktor (z. B. Zufall, freier Wille o. ä.) oder bereits so kleine umweltbedingte Abweichungen, wie sie bei eineiigen Zwillingen vorkommen, müssen solch starke Auswirkung haben.

Wenden wir uns nun *getrennt* aufwachsenden Zwillingen zu. Zunächst einmal sagt das bloße Faktum, dass zwei gleiche Genotypen räumlich getrennt aufwachsen, noch gar nichts aus. In der Zwillingsforschung setzt man stillschweigend stets voraus, dass ein getrenntes Aufwachsen auch gleichbedeutend sei mit einem Aufwachsen unter verschiedenen Umweltbedingungen. Nur wenige Untersuchungen können danach aufgeschlüsselt werden, ob die Umweltbedingungen der getrennt aufgewachsenen Zwillinge ähnlich sind oder nicht. Die Untersuchung, die das zulässt, hat ein für die Vererbungslehre niederschmetterndes Ergebnis: Elf Zwillingspaare, die in einander ähnlichen Umwelten aufwuchsen, hatten erwartungsgemäß eine Korrelation von $r = 0{,}91$, die acht Zwillingspaare, die in einander weniger ähnlichen Umwelten aufwuchsen, erreichten dagegen nur einen Wert von $r = 0{,}24$,[109c] das ist der gleiche Wert, den zusammen aufwachsende, miteinander nicht verwandte Kinder erreichen.

Jensen zieht aus der Tatsache, dass in seiner Studie die Maßkorrelation zwischen den Zwillingspaaren, die getrennt aufgewachsen sind, $r = 0{,}75$ ist, den Schluss: also sind 75 % der

Unterschiede in Intelligenz erblich bedingt. Dieser Schluss ist statistisch gesehen unsauber. Denn nicht das Maß r sagt aus, zu welchem Prozentsatz Variablen einander bestimmen (»determinieren«), sondern erst r^2 (»Bestimmungsmaß« oder »Determinationskoeffizient«).
Aus dem Wert $r = 0{,}75$ ergibt sich $r^2 = 0{,}56$. Mithin wären nur 56 % der Intelligenzunterschiede erblich bestimmt.
Studien, die getrennt aufwachsende Zwillinge betrachten, kommen generell zu Ergebnissen, die zwischen $r = 0{,}7$ und $r = 0{,}8$ liegen. Mittlerweile gibt es auch einen Konsens von Edward O. Wilson bis Herrnstein und Murray, dass die Erblichkeit (»Herabilität«) der Intelligenz bei 50-60 Prozent liege. Wer genau liest, wird allerdings feststellen, dass die jeweiligen Autoren nicht sagen, sie wüssten, dass dieser Prozentsatz richtig sei, sondern nur, sie würden es *vermuten*.[110]
Wie dem auch sei: Die realen Abweichungen zwischen den Zwillingspaaren sind groß genug, um auf untergeordnete Bedeutung des genetischen Faktors zu schließen.

[4] Die statistische Erfassung getrennt aufwachsender eineiiger Zwillinge könnte auch eine Sackgasse der Forschung sein. Wenn wir wissen wollen, wie sich gleiche Genotypen in verschiedenen Umwelten entwickeln, dürfen Zwillinge nicht statistisch erfasst werden, sondern vielmehr sind einzelne Biographien nachzuzeichnen.
Gut dokumentiert ist der Fall der russischen siamesischen Zwillinge Masha und Dasha Kriwoschljapowa (1950 bis 2003), die während des stalinistischen Regimes unmensch-

110 Richard Herrnstein / Charles Murray, *The Bell Curve* (1994), S. 105: »For purpose of this discussion, we will *adopt* a middling *estimate*.« Edward O. Wilson, *Die Einheit des Wissens*, Berlin 1998, S. 190: »Punktwerte für Herabilität« des IQ »liegen *meistens* um die 50 %-Marke.«
111 Juliet Butler, *Masha und Dasha: Die Autobiographie eines siamesischen Zwillingspaares*, Bern 2000.

lichen medizinischen Experimenten unterworfen wurden. Juliet Butler hat ihre »Autobiographie« aufgezeichnet.[111] »Gleicher« als bei diesen beiden Menschen können Genotyp und Umweltbedingungen nicht sein. Dennoch hatten sie ausgeprägte *eigene* Charaktere (die eine galt als fügsam, die andere als rebellisch), verschiedene Interessen sowie auch unterschiedliche Schwierigkeiten. Während die eine die schrecklichen Erlebnisse mit Alkohol ertränkte (und als Alkoholikerin bezeichnet wurde), war die andere, obgleich sie am gleichen Blutkreislauf partizipierte, dem Alkohol abhold. Sie litt nicht einmal unter »Entzugserscheinungen«, wenn sich ihre Schwester den Alkohol versagte!
Derart könnten zwischen Individuen Differenzen bestehen, die *weder* auf ihr Erbgut *noch* auf die Umwelteinflüsse zurückzuführen sind und die sogar bewusst gegen die Umwelt verteidigt werden.

[5] Was bedeutet nun jene Aussage, 60 % der Intelligenz seien »vererbt«? Schauen wir uns eine Person an, die einen IQ von 100 hat. Bedeutet die Aussage, dass 60 IQ-Punkte auf Erbe und 40 IQ-Punkte auf die Umwelt zurückgehen? Das ist keine sinnvolle Interpretation. Wir müssten nämlich wissen, ob die Person unter speziell zur Intelligenzentwicklung günstigen oder ungünstigen Umständen aufgewachsen ist. Das Maß, mit dem gemessen werden könnte, ob jemand das genetische Potenzial seiner Intelligenz ausgeschöpft hat oder nicht, wäre die Variabilität und nicht die Herabilität.
Ziehen wir wieder die Daten des Wachstums der »Achillea-Pflanzen« im Erbe/Umwelt-Modell von Seite 154 zu Rate. Die aus ihnen abzuleitende Variabilität ist in der Tabelle auf Seite 164 dargestellt.
Vergleichen wir Typ F in Umwelt I und II. Es handelt sich so-

Variabilität

Umwelt	I		II		III		Variabilität	
	cm	Rang	cm	Rang	cm	Rang	von ... bis	Abstand (v)
Genotyp A	15	4	45	1	52	1	15-52	37
Genotyp B	18	3	32	3	32	4	18-32	14
Genotyp C	45	1	34	2	31	5	31-45	14
Genotyp D	31	2	28	4	38	2	28-38	10
Genotyp E	12	5	25	5	25	6	12-25	13
Genotyp F	11	6	10	6	36	3	10-36	26

Variabilitätstabelle, abgeleitet aus dem Modell auf der Seite 154. Es handelt sich um eine Analogie zu getrennt aufwachsenden, eineiigen Zwillingen. Die Tatsache, dass getrennt aufwachsende, eineiige Zwillinge den gleichen IQ haben, lässt *nicht* den Schluss zu, dass sie aufgrund ihres Genotyps keine Differenzierung herausbilden könnten. Schauen wir uns Typ B an: In Umwelt II und III hat er gleiche Werte, in Umwelt I einen anderen.

zusagen um getrennt aufgewachsene eineiige Zwillinge. Sie haben fast den gleichen Wert. Dennoch: Würde ein weiteres Individuum des selben Genotyps in Umwelt III aufwachsen, läge sein Wert höher.
Die Tabelle zeigt auch, dass die Variabilität verschiedener Genotypen sehr unterschiedlich groß sein kann. Gleichwohl sagt die Tabelle nicht, ob überhaupt die größtmögliche Variationsbreite erreicht ist. Es könnte ja durchaus sein, dass Genotyp F unter einer noch anderen Umweltbedingung (das wäre Umwelt IV) etwa 52 cm groß werden könnte.
Niemand kann bei einem Menschen, der den IQ-Wert von 100 hat, wissen, ob unter *anderen* Umweltbedingungen ihm es möglich gewesen wäre, einen höheren Wert zu erreichen. Denn zu einer solchen Aussage müsste man wissen, welches *Potenzial* sein Genotyp hat. Dies wiederum würde voraussetzen, dass wir diesen Genotyp unter beliebig vielen Umweltbedingungen testen – so wie wir es mit den reinerbigen Pflanzen-Genotypen tun können. Bei Menschen ist soetwas natürlich nicht möglich.
Herabilität ist also nicht zu verwechseln mit der Variabilität. Oder anders gesagt: Die Aussage, 60 % der Intelligenz seien »erblich«, bezieht sich nicht darauf, in welchem Ausmaß die Intelligenzentwicklung eines einzelnen Individuums oder einer Gruppe verändert oder beeinflusst werden kann. Insofern ist es auch nicht richtig, aus der Aussage, die durchschnittliche Intelligenz von Schwarzen sei geringer als die von Weißen oder Asiaten, zu schließen, dass dies so bleiben müsse. »Herabilität« könnte, jedenfalls wenn in der nach Jensen, Herrnstein und Murray sowie Wilson beschriebenen Weise sie abgeleitet wird, eine Aussage der folgenden Art sein: Es ist zu 60 % wahrscheinlich, dass ein Individuum unabhängig von den Umweltbedingungen einen ähnlichen IQ-Wert hat wie seine Eltern.

Herabilität 60 %

<table>
<tr><td>1.</td><td colspan="8">100 Personen
mit je 90 IQ</td></tr>
<tr><td>2.</td><td colspan="4">60 Personen
mit je 90 IQ</td><td colspan="4">40 Personen
mit je 100 IQ</td></tr>
<tr><td>3.</td><td colspan="2">36 P.
90 IQ</td><td colspan="2">24 P.
100 IQ</td><td colspan="2">24 P.
100 IQ</td><td colspan="2">16 P.
110 IQ</td></tr>
<tr><td>4.</td><td>21
90</td><td>15
100</td><td>14
100</td><td>10
110</td><td>15
100</td><td>9
110</td><td>10
110</td><td>6
120</td></tr>
</table>

Durchschnitt in der 4. Generation: 102 IQ

<table>
<tr><td>1.</td><td colspan="8">100 Personen
mit je 110 IQ</td></tr>
<tr><td>2.</td><td colspan="4">60 Personen
mit je 110 IQ</td><td colspan="4">40 Personen
mit je 100 IQ</td></tr>
<tr><td>3.</td><td colspan="2">36 P.
110 IQ</td><td colspan="2">24 P.
100 IQ</td><td colspan="2">24 P.
100 IQ</td><td colspan="2">16 P.
90 IQ</td></tr>
<tr><td>4.</td><td>21
110</td><td>15
100</td><td>14
100</td><td>10
90</td><td>15
100</td><td>9
90</td><td>10
90</td><td>6
80</td></tr>
</table>

Durchschnitt in der 4. Generation: 98 IQ

Auch dies ist ein *Modell*. Es macht deutlich, was der Begriff »Herabilität« oder »Erblichkeit« aussagt, einer der Begriffe, die am wenigsten sinnvoll verstanden werden. Der Wert Herabilität, ausgedrückt in einer Prozentzahl, gibt die *Wahrscheinlichkeit* an, mit der ein Merkmal vererbt wird. Wenn etwa bei einer Krankheit die Herabilität von 60 % besteht, bedeutet dies, dass statistisch gesehen 60 % der Kinder dieser Kranken *unabhängig vom Umwelteinfluss* auch erkranken und nicht, dass beim Kranken 60 % der Krankheit erbbedingt (und die restlichen 40 % nicht erbbedingt) wären. Bei Intelligenz würde dies (wenn der Wert stimmt) heißen, dass mit einer Wahrscheinlichkeit von 60 % die Kinder *unabhängig vom Umwelteinfluss* denselben IQ haben wie ihre Eltern. Die restlichen 40 % können einen anderen haben. Die Statistik sagt nichts über den Einzelnen.

Die Tabelle auf Seite 166 zeigt zwei fiktive Beispiele, um zu verdeutlichen, dass trotz einer hohen Herabilität Dynamik möglich ist: Wir bilden zwei Gruppen von je 100 Personen. Die erste Gruppe besteht aus Personen, die einen IQ von 90 Punkten haben, die zweite Gruppe aus Personen mit einem IQ von 110 Punkten. Damit wissen wir wohlgemerkt weder etwas über die in den Gruppen vertretenen Genotypen noch über deren mögliche Variabilität. Der Wert für Herabilität (in diesem Fall: 60 %) bedeutet: Wir nehmen an, dass von den Kindern jeweils 60 % den gleichen IQ-Wert haben wie die Eltern.

Was ist mit den übrigen 40 % der Personen? Sie hätten irgend einen anderen IQ-Wert.

Für die Rechnung der Herabilitäts-Tabelle ist angenommen worden, die Gruppe mit dem Ausgangswert von 90 IQ-Punkten würde sich in einer für sie positiven Umwelt befinden, die sie in die Lage versetzt, ihren IQ-Wert um z. B. 10 Punkte zu steigern. Das Herabilitäts-Maß von 60 % vorausgesetzt, ergibt sich, dass 60 Personen weiterhin nicht über 90 IQ-Punkte hinaus kommen. 40 Personen dagegen erreichen in der zweiten Generation 100 Punkte. Nach nur vier Generationen sind jene Personen, die 90 IQ-Punkte haben, in der Minderheit. Der Gruppendurchschnitt ist auf 102 IQ-Punkte gestiegen.

Die zweite Gruppe wäre dagegen nun schlechten Umweltbedingungen ausgesetzt, die zur Senkung des IQ-Wertes um 10 Punkte führen kann. Nach nur vier Generationen ist der Durchschnitt der Gruppe auf 98 IQ-Punkte gesunken – er liegt jetzt niedriger als der der ersten Gruppe.

Dieser Vorgang ist zu 100 % auf den Umwelteinfluss zurückzuführen und nicht auf die Gene. Herabilität ist also ein Maß, das über Entwicklungs*möglichkeiten* von Individuen und von Gruppen nichts aussagt (vielmehr nur über die Entwicklungs*geschwindigkeit* von Veränderungen in Gruppen). Aussagekräftig wäre nur die Variabilität, deren Maß jedoch für Menschen nicht ermittelt werden kann.

Aus der Diskussion lassen sich fünf theoretische Aussagen über die statistischen Zusammenhänge in der Erblichkeitsforschung ziehen:

1. *Variabilität* und *Herabilität* sind unabhängige Größen. Vergleichen wir in der Variabilitäts-Tabelle auf Seite 164 den Genotyp B, der in Umwelt II und III eine Höhe von 32 cm erreicht. Die Herabilität beträgt 100 %, weil sich alle Nachkommen unter den *gleichen* Umweltbedingungen auch *gleich* entwickeln werden. Vergleichen wir das Wachsen von Genotyp B in Umwelt II (32 cm) mit dem in Umwelt I (18 cm), so bleibt es zwar bei der *Herabilität* von 100 %, die *Variabilität* jedoch steigt auf 14 cm.

2. »Herabilität« sagt bezüglich von Differenzen zwischen Gruppen in unterschiedlichen Umwelten nichts aus. Genotyp B erreicht in Umwelt II 32 cm, Typ A in Umwelt I 15 cm. Man kann die Differenz als »genetisch« beschreiben, denn Genotyp D erreicht in Umwelt I fast die Größe vom Genotyp B in Umwelt II (31 cm). Mit gleichem Recht kann man diese Differenz als »umweltbedingt« beschreiben, denn Genotyp A wird in den Umwelten II und III sogar größer als der Genotyp B (45 resp. 52 cm).

3. Wenn bei Herstellung von gleichen Umweltbedingungen Unterschiede zwischen Gruppen bestehen bleiben, bedeutet dies nicht, dass die Unterschiede unabänderlich sind. Beispiel: Vergleichen wir Genotyp B in Umwelt II (32 cm) mit Genotyp F in Umwelt I (11 cm). Wird für Genotyp F die gleiche Umwelt wie für B hergestellt, erhöht die Differenz sich sogar (F wird nur 10 cm groß). Wird Genotyp F jedoch in Umwelt III verpflanzt, überflügelt er den Genotyp B, weil er 36 cm groß wird.

4. Die *Variabilität* des Genotyps kann unter Menschen nicht festgestellt werden. Eine solche Feststellung würde nämlich voraussetzen, dass man über eine Vielzahl von reinerbigen Genotypen verfügt und deren Aufwachsen in kontrollierten Umwelten beobachten könnte.
5. Das Maß Herabilität sagt nichts über die Veränderlichkeit an sich aus, sondern bestimmt die *Geschwindigkeit*, in der Veränderungen stattfinden können. Wenn wir in der Tabelle auf Seite 166 die Herabilität *herauf*setzen, dann wird die Veränderung *langsamer* von statten gehen, wenn wir sie *herab*setzen, wird sie *schneller* sein. Bloß bei einer Herabilität von 100% gibt es – *konstante Umweltbedingungen vorausgesetzt* – keine Veränderlichkeit.
Um zu zeigen, dass derartige Vorgänge realistisch sind (und nicht nur Modellcharakter haben), hier noch zwei Werte:[112] Der durchschnittliche IQ italienischstämmiger Amerikaner steigerte sich zwischen den 1920er und den 1970er Jahren von 92 auf 100 Punkte (Steigerung um acht Punkte in 50 Jahren), der polnischstämmiger Amerikanern im gleichen Zeitraum um 18 Punkte von 91 auf 109 Punkte. Dies ist ein Zeitraum, der weniger als vier Generationen umfasst; d.h., entweder muss die Herabilität *geringer* oder die Variabilität *größer* sein, als ich im Modell vorausgesetzt habe. (Die Annahme, die Steigerung des IQs basiere auf Rassenmischung, weist Thomas Sowell zurück: Beide Minoritäten heiraten eher innerhalb als außerhalb ihrer jeweiligen Gruppe.)

[6] Es gibt noch andere Versuche als die der Zwillingsforschung, den Umwelteinfluss von den genetischen Faktoren zu trennen. Sowohl Jensen als auch Herrnstein und Murray testeten, ob IQ-Werte mit dem sozioökonomischen Status korrelieren.

112 Thomas Sowell, *Race and Culture*, New York 1994, S. 166.

Der Gedanke scheint bestechend zu sein: Wenn IQ-Werte sich bestimmten Schichtzugehörigkeiten zuordnen ließen, würde sich zeigen, dass der soziale Einfluss (und nicht das Erbgut) die Intelligenzentwicklung prägt. Aber dieser Gedanke ist bereits *vom Prinzip her* falsch – ironischerweise gerade vom Standpunkt der Vererbungslehre her gesehen. Denn der Gedanke setzt voraus, dass der Status keinen erblichen Anteil hat. Diese Voraussetzung jedoch ist keineswegs gesichert, sie müsste erst bewiesen werden.

Nehmen wir eine Gesellschaft mit einer starken ethnischen Diskriminierung: Alle Mitglieder der einen ethnischen Gruppe bilden die Unterschicht, alle Mitglieder der anderen ethnischen Gruppe bilden die Oberschicht. Eine derartige Bedingung ist übrigens nicht etwa fiktiv, sondern war und ist immer noch traurige Realität in verschiedenen Staaten. Der Status in einer solchen Gesellschaft ist demnach genetisch vorbestimmt: Also wäre eine Korrelation zwischen Status und IQ-Wert als ein Hinweis – (wohlgemerkt nicht: als ein Beweis!) – zu werten, dass auch die Intelligenz genetisch bestimmt ist. In der nordamerikanischen Gesellschaft lässt sich allerdings von dem Status nicht auf einen bestimmten IQ-Level schließen. Das trifft besonders auf die Gruppe der Schwarzen zu.

Dieser Befund sagt aber über die Frage der Erblichkeit der Intelligenz rein gar nichts aus. Denn der Status, den ein Individuum erreicht, wird nicht ausschließlich durch seinen IQ-Wert bestimmt. Neben dem IQ-Wert spielen Faktoren wie Herkunft, »soziale und emotionale« Intelligenz (auch SQ und EQ genannt), Lebens- und Berufsentscheidungen, Glück, religiöse und ethische Haltungen usw. eine große Rolle. Oder anders ausgedrückt: Auch in der Unterschicht finden sich Individuen mit einer hohen Intelligenz sowie in der Oberschicht Individuen mit niedriger Intelligenz.

Die Höhe der Korrelation zwischen IQ und Status sagt etwas darüber aus, wie Status in einer Gesellschaft verteilt wird: Wenn die Korrelation groß ist, ist die Intelligenz wichtigstes Kriterium zur Erlangung von Status. Ist sie dagegen niedrig, bedeutet Intelligenz in einer solchen Gesellschaft weniger. Wie man es dreht und wendet: Eine Aussage über die Erblichkeit kommt nicht zustande.

Weder Jensen noch Herrnstein und Murray gehen dagegen auf andere Korrelationen ein, die für die Abschätzung der Erblichkeit von Intelligenz entscheidender sind, aber gegen ein hohes Erblichkeitsmaß sprechen:

1. Die Ähnlichkeiten zwischen Müttern und Töchtern seien größer als zwischen Vätern und Söhnen. Da sowohl Töchter als auch Söhne jeweils 50% der Gene der Eltern erhalten, dürfte sich genetisch gesehen kein Unterschied ergeben, denn das wäre, als hätten die Töchter eher die Augenfarbe der Mutter als die Söhne diejenige der Väter. – Ein weiteres Beispiel: »Schwachsinn« der Mutter übertrage sich gegenüber »Schwachsinn« des Vaters im Verhältnis 3:1 auf die Kinder. Eine Hypothese: Der sozialisatorische Einfluss der Mütter, die stärker in die Erziehung involviert sind als Väter, sei Ursache der Ähnlichkeit. – Übrigens: Wenn sich Väter gleichwertig um die Erziehung der Kinder kümmern, würde der Unterschied verschwinden.

2. Es entwickele sich ein zunehmendes Ungleichgewicht zwischen schwarzen Männern und Frauen: Mehr schwarze Frauen erreichten höhere schulische Abschlüsse und haben mehr beruflichen Erfolg als schwarze Männer.

Eine mögliche Hypothese könnte lauten: Das subkulturell geprägte Selbstbild des schwarzen Mannes widerspricht den Bedingungen des Erfolges in der weißen Gesellschaft mehr als das Selbstbild der schwarzen Frau. Diese Differenz kann wohl kaum als genetisch erklärt werden – vor allem darum

nicht, weil es in der weißen Bevölkerung kaum einen Unterschied in der Intelligenz zwischen Männern und Frauen gibt.
3. Schwarze Adoptivkinder, die in weißen Familien aufwachsen, erzielten diesen Familien vergleichbare IQ-Werte: Das ist ein empirischer Hinweis auf die übergeordnete Rolle des Umwelteinflusses.
4. Unter dem Blickwinkel regionaler Differenzen ergibt sich ein anderes Bild als in gesamtgesellschaftlicher Hinsicht: In den – (in ihrer Validität jedoch umstrittenen) – Tests, die während des ersten Weltkrieges in den USA durchgeführt wurden, erzielten schwarze Soldaten aus den Nordstaaten einen höheren durchschnittlichen IQ als weiße Soldaten aus den Südstaaten. Auch dies spricht dafür, dass die Umweltbedingungen eher den jeweiligen IQ-Level zu verantworten haben als genetische Ursachen.
5. Es gebe ein Übergewicht des erstgeborenen Kindes über nachfolgende Geschwister. Zur Erklärung gibt es drei Hypothesen: a. Das erstgeborene Kind könnte bevorzugt werden (z. B. weil die Eltern über den »Stammhalter« am meisten sich freuen), b. an das erstgeborene Kind könnten höhere Anforderungen gestellt werden (besonders letztgeborene Kinder werden »verwöhnt«) oder c. das erstgeborene Kind könnte in seiner Intelligenzentwicklung davon profitieren, die Geschwister zu unterrichten. – Genetische Erklärungen scheiden aus.
Der umgekehrte Fall wird von Herrnstein und Murray erwähnt: In einer Studie hat Arthur Jensen ermittelt, dass in schwarzen Familien aus dem US-Bundesstaat Georgia erstgeborene Kinder durchschnittlich einen geringeren IQ-Wert als die nächstgeborenen Kinder haben. Je größer die Altersdifferenz, um so größer auch die IQ-Differenz. Hypothese: Zwischen den jeweils erstgeborenen Kindern und den darauf folgenden Kindern habe es eine Veränderung des so-

zialen Umfeldes (etwa ein Abbau der Diskriminierung) gegeben, so dass die erstgeborenen *noch* von Diskriminierung betroffen waren, die nachfolgenden Kinder jedoch von der Veränderung *schon* profitiert haben.

6. Ein Dutzend entwicklungsverzögerte Heimkinder wurde in die Obhut von geistig behinderten, aber fürsorglichen Frauen gegeben. Der durchschnittliche IQ der Gruppe bei Beginn der Studie betrug 64. Die Kontrollgruppe mit einem durchschnittlichen IQ von 87 verblieb unter den üblichen Heimbedingungen. Nach zwei Jahren war der IQ derer, die fürsorglich behandelt wurden, auf 92 gestiegen, der von den Heimkindern auf 61 gesunken. Eine Nachuntersuchung zeigte, dass die fürsorglich behandelten Kinder später ein normales, mittelschichtorientiertes Leben führen konnten, während die Heimkinder der Unterschicht zugerechnet wurden. Diese Studie ist um so wichtiger, als sie den Unsinn widerlegt, vor allem intellektuelle Stimulation oder sogar Leistungsdruck seien die unverzichtbaren Elemente für die Entwicklung von kindlicher Intelligenz und einem späteren Erfolg im Leben.

Quellen:

1. Lucien Malson, Jean Itard, Octave Mannoni, *Die wilden Kinder* (1964), Frankfurt/M. 1972, S. 18, resp. S. 20. **2.** Sowell (Anm. 112), S. 171; Larry E. Davis, *Black and Single: Meeting and Chosing A Partner Who's Right for You*, New York 1998. **3.** Sowell, S. 167. **4.** Sowell, S. 167. **5.** Richard Herrnstein und Charles Murray, *The Bell Curve* (1994), New York 1996, S. 303. **6.** Harold Skeels, *A Study of Differential Stimulation on Mentally Retarded Children*, in: American Journal of Mental Defiency, 66 (1942).

[7] Besonders problematisch ist die Behauptung, dass »Intelligenz« einen hohen erblichen Anteil hätte, wenn sie auf ethnische Gruppen angewendet wird. Scheinbar heißt das: »Neger sind dümmer.« An dem Modell kann ich zeigen, dass diese Schlussfolgerung nicht richtig ist.

Die ethnische Frage – Szenario 1

		I		II		III		max		equal	
		Wert	Rang	Wert	Rang	Wert	Rang	Wert	Rang	Wert	Rang
Ethnie	Typ C	45	1	34	2	31	5	45	2	34	3
	Typ D	31	2	28	4	38	2	38	3	31	5
	Typ B	18	3	32	3	32	4	32	5	32	4
Schnitt		31,3		31,3		33,7		38,3		32,3	
Ethnie	Typ A	15	4	45	1	52	1	52	1	45	1
	Typ E	12	5	25	5	25	6	25	6	25	6
	Typ F	11	6	10	6	36	3	36	4	36	2
Schnitt		12,7		26,7		37,7		37,7		35,3	
Abstand		18,6		4,6		4,0		0,6		3,0	

Differenzen **vertikal** 100 % *genetisch* bedingt
Differenzen **horizontal** 100 % *umweltbedingt*

Der Ausbau des *Modells* von Seite 154 zu einer Anwendung auf die Fragestellung, ob Intelligenz ethnisch zugeordnet werden könne. Für viele gilt ja schon diese Frage als rassistisch, sodass keine Auseinandersetzung mit denjenigen Forschungsergebnissen stattfindet, die eine solche Zuordnung nahelegen. Ich schlage dagegen vor, dass es aufklärerisch sei, sich mit den zugrundeliegenden Schlussfolgerungen auseinanderzusetzen und die verwendeten Begriffe daraufhin zu prüfen, ob sie den rassischen Standpunkt denn wirklich stützen. Für die *Herabilität* gilt das sicherlich nicht (S. 166).
N. B.: Die gesamtgesellschaftlich größte Gleichheit *(»equal«)* begrenzt in beiden Szenarien auch die Entwicklung der jeweils unterlegenen Ethnie.

Die ethnische Frage – Szenario 2

		I Wert	I Rang	II Wert	II Rang	III Wert	III Rang	max Wert	max Rang	equal Wert	equal Rang
Ethnie	Typ C	45	1	34	2	31	5	45	2	34	3
	Typ B	18	3	32	3	32	4	32	5	32	4
	Typ A	15	4	45	1	52	1	52	1	45	1
Schnitt		26,0		37,0		38,3		43,0		37,0	
Ethnie	Typ D	31	2	28	4	38	2	38	3	31	5
	Typ E	12	5	25	5	25	6	25	6	25	6
	Typ F	11	6	10	6	36	3	36	4	36	2
Schnitt		18,0		21,0		33,0		33,0		30,7	
Abstand		8,0		16,0		5,3		10,0		6,3	

Differenzen **vertikal** 100 % *genetisch* bedingt
Differenzen **horizontal** 100 % *umweltbedingt*

Auch wenn statistisch gesehen bestimmte Intelligenz-Levels ethnisch zugeordnet werden können *und* wenn wir von einer Herabilität von z. B. 60 % ausgehen, folgt daraus *nicht*, dass sich für die unterlegene Ethnie nichts verändern ließe. Am Modell kann man sehen, dass unter den verschiedenen Umweltbedingungen die Abstände zwischen den »ethnischen« Gruppen variieren – im Szenario 1 kehrt sich in der Umwelt III sogar das Verhältnis um, die AEF-Underdogs sind den CDB-Topdogs auf einmal überlegen. Die gesamtgesellschaftlich größte Gleichheit *(»equal«)* geht vor allem auf die Kosten von Genotyp C, dessen Entwicklungspotenzial eingeschränkt wird. Und wie gehabt: Über das Individuum sagt die Statistik *nichts*.

Nehmen wir an, in Umwelt I würden die Ränge 1-3 (Genotypen C, D und B) zur ursprünglich privilegierten ethnischen Gruppe gehören, die Ränge 4 bis 6 (Genotypen A, E und F) dagegen zur ursprünglich diskriminierten. Es ist klar, dass die Unterschiede zwischen den beiden ethnischen Gruppen – die CDB-Ethnie hat in Umwelt I einen Durchschnitt von 31,3, die AEF-Ethnie von nur 12,7 – 100 % genetisch bedingt sind. Daraus, dass der Unterschied genetisch bedingt ist, folgt allerdings *nicht*, dass er auch »natürlich«, »statisch« oder »unveränderlich« wäre.

Auf dem Weg hin zur Umwelt »max« wird die Differenz zwischen den ethnischen Gruppen immer kleiner, bis er bei »max« fast ganz verschwunden ist (Szenario 1, S. 174).

Das Ergebnis ist so konstruiert. Durch andere Zusammensetzung der ethnischen Gruppen in Szenario 2 sinkt der Abstand zwischen den Gruppen nicht, sondern ist bei »max« größer als zu Beginn.

Dies bedeutet jedoch nicht, dass sich für die DEF-Ethnie nichts verbessert habe. Auch ihr Durchschnitt steigt stark an, allerdings steigt derjenige der CBA-Ethnie noch stärker. Dass der Abstand sich in der Entwicklung von III nach »max« so vergrößert, liegt nicht daran, dass die absoluten Werte der DEF-Ethnie sich verschlechtern, sondern dass Genotyp C, der in Umwelt III nicht gedeiht, sein Optimum entfalten kann.

Dies ist auch eine Anmerkung zur Ideologie, mit der linke etatistische Sozialforscher einen vermeintlich gerechten Gleichheitsgrundsatz verfechten. Von der »Gleichheit« her betrachtet ist Umwelt III in diesem Szenario »besser«. Aber »gerecht« sollte es wohl nicht genannt werden, dass Genotyp C weniger Entwicklungsmöglichkeit hat.

Kann uns dieses Modell helfen, diejenigen »ethnischen« Problemstellungen zu interpretieren, welche Richard Herrnstein und Charles Murray in »*The Bell Curve*« aufgeworfen haben? Sie tragen drei Fakten vor, die darauf hinweisen, dass die Differenz in den durchschnittlichen Intelligenzwerten zwischen Schwarz und Weiß unveränderlicher genetischer Natur sei:

1. Die Differenz zwischen durchschnittlichen Intelligenzwerten der Weißen und Schwarzen verringere sich zwar, aber nicht genügend: Die besseren Umweltbedingungen für die Schwarzen und besonders die hohen Aufwendungen zur Förderung unterprivilegierter Kinder hätten eine stärkere Annäherung bringen müssen.

Die Schlussfolgerung ist nicht überzeugend, weil sich in der schwarzen Bevölkerung viele Individuen befinden könnten, die nach Genotyp C reagieren (Goodman-Hypothese): Die sozialpolitischen Maßnahmen, die vornehmlich in der Verschulung liegen, könnten *kontraproduktiv* sein!

2. Der Vergleich zwischen verschiedenen diskriminierten ethnischen Gruppen – Schwarze, Hispanier, Asiaten, Juden – zeige, dass *andere* ethnische Gruppen als die Schwarzen starker Diskriminierung zum Trotz hohe Intelligenzwerte erzielten. Die geringeren Werte der Schwarzen könnten deshalb nicht der Diskriminierung zugerechnet, sondern sie »müssten« als unterschiedliches genetisches Potential angesehen werden.

Die Schlussfolgerung ist nicht überzeugend, weil es bei den ethnischen Gruppen unterschiedliche Reaktionsformen auf Diskriminierung geben kann – die Unterschiede können entweder kultureller Art sein (»Juden achten seit hunderten von Jahren auf eine gute Bildung ihrer Kinder«) oder genetisch bedingt sein (bei Asiaten könnte der Genotyp A vorherrschend sein, bei Schwarzen der Genotyp C).

3. Selbst unter der Gruppe der Schwarzen, die einen hohen sozio-ökonomischen Status haben, ließe sich eine durch-

schnittlich geringere Intelligenz messen als bei Weißen mit gleichem Status. Dies war auch schon das Hauptargument von Arthur Jensen. Ebenso seien Schwarze und Weiße mit einem niedrigen sozioökonomischen Status miteinander verglichen worden, wobei auch dabei Schwarze schlechter abschnitten. Das zeige, dass Unterschiede in der Intelligenz unabhängig vom Status seien; darum wäre eine genetische Erklärung plausibel.

Die Schlussfolgerung ist nicht überzeugend, aus logischen Gründen schon: Stellt *eine* Hypothese als falsch sich heraus, beweist das nicht, dass eine *andere* Hypothese richtig ist (es sei denn, es wären nur diese beiden Hypothesen möglich). Inhaltlich wäre gegen den Vergleich von Intelligenzwerten ethnischer Gruppen mit identischem sozioökonomischen Status dreierlei einzuwenden:

1. Ist der sozioökonomische Status für beide Gruppen wirklich gleichbedeutend? Ein Beispiel dafür, dass dies nicht der Fall zu sein braucht: Ein weißer Arzt und ein schwarzer Boxer können vielleicht gleich viel verdienen. Das, was sie ihren Kindern jedoch als das mitgeben, was ihnen Erfolg gebracht hat, wäre sehr unterschiedlich: Der Arzt könnte »Studium« als Erfolgsbringer ansehen, der Boxer dagegen »Körperkraft«.

Auch niedriger sozioökonomischer Status kann für beide ethnischen Gruppen etwas anderes bedeuten: Weiße mit niedrigem sozioökonomischen Status können zum Beispiel eine größere Hoffnung hegen, ihren Status zu verbessern, als ihre schwarzes Pendants.

2. Sozioökonomischer Status ist gar nicht gleichzusetzen mit kultureller Orientierung. Die jüdische Kultur etwa ist unabhängig vom Sozialstatus, den die in alle Welt verstreuten Mitglieder in ihren »Heimat«-Ländern erreicht haben oder erreichen durften, auf die Weitergabe der Schrift aufgebaut.

Juden mit niedrigem sozioökonomischen Status achten um so strenger darauf, dass ihre Kinder nicht im Lernen nachlassen. Als in den USA Mitte des 19. Jahrhunderts die Verstaatlichung der Schule einsetzte (um die Einwanderer zu protestantisieren), reagierten arme *jüdische* Einwanderer mit der Gründung von Privatschulen, arme *italienische* Einwanderer mit Schulverweigerung. Auch die Kultur der Schwarzen in Amerika scheint auf Schulverweigerung zu basieren, während bei den später erfolgreichen asiatischen Einwanderern eine Orientierung am Bildungsideal zu beobachten ist. Dass in den Studien der sozioökonomische Status und nicht die kulturelle Orientierung zum Parameter gewählt wurde, um die Differenz in Intelligenzwerten festzustellen, liegt vielleicht daran, dass sich der Status statistisch operationalisieren lässt, die Kultur dagegen nicht (oder jedenfalls schwerer).

3. Selbst wenn eine genetische Erklärung der ethnischen Unterschiede akzeptiert wird, bedeutet das nicht, dass eine gegebene Differenz auch invariant sei. Angenommen, eine ethnische Gruppe setzte sich aus dem Genotyp C (siehe das Modell) zusammen und befände sich in der Umwelt III. Sie erreichte den Wert 32 (umgerechnet in IQ etwa: 97). Die andere ethnische Gruppe setzte sich aus Genotyp A zusammen und befände sich in Umwelt II. Ihr Wert wäre 45 (in IQ: 110). Der Abstand zwischen den IQ-Werten beträgt 13 Punkte. Wenn jedoch für den Typ C Umweltbedingung I hergestellt wird, erreicht auch er den Wert 45, somit einen IQ von 110, und es besteht keine Differenz mehr!

Diese Einwände sind, auf der Ebene der Genetik, rein hypothetischer Natur, da wir nicht wissen können, über welche Potenziale die verschiedenen Genotypen verfügen. Denn um ein solches Wissen zu erlangen, müssten wir identische Genotypen wie Pflanzen in kontrollierte »Umwelten« einsetzen können, um die Auswirkungen zu beobachten. Das aber ist unmöglich.

[8] In dieser Diskussion ist unhinterfragt angenommen worden, dass die Intelligenztests präzise das messen, von dem sie behaupten, es messen zu können: nämlich die Intelligenz. Es ist in diesem Zusammenhang weniger interessant, ob die IQ-Tests wirklich den ganzen Begriffsumfang dessen erfassen, was man als »Intelligenz« bezeichnen wollte. Es reicht, festzuhalten, dass sie irgendetwas messen, und wir fragen uns, ob das, was sie messen, auf Erblichkeit beruht oder nicht.

Herrnstein und Murray behandeln breit und ziemlich fair eine andere Frage, nämlich ob die IQ-Tests ein »kulturelles Vorurteil« enthalten: das heißt, ob sie an der »weißen« Kultur orientiert sind und darum *per se* die Schwarzen benachteiligen. Sie kommen zu dem Schluss, dass eine gewisse kulturelle Benachteiligung bestehen könnte, sie jedoch nicht groß genug sei, um die Differenz zwischen Schwarzen und Weißen bzw. Asiaten vollständig zu erklären.

Eine andere Hypothese allerdings diskutieren sie leider nur unzureichend: Es könnte sein, dass IQ-Tests »vornehmlich die Fähigkeit [testen], sich bestimmten gesellschaftlichen Anforderungen anzupassen«.[113]

Wenn sich also eine ethnische Minderheit Diskriminierung zum Trotz mit den kulturellen Werten der Gesellschaft als Ganzes identifiziert, wie dies von Juden und Asiaten zu erwarten ist, schneidet sie bei dem Anpassungs-Test besser ab als eine Minorität, die das »gesellschaftliche Ganze« eher ablehnt, wie dies bei Schwarzen zu erwarten ist.

113 Volker Sommer, *Wider die Natur? Homosexualität und Evolution*, München 1990, S. 76; vgl. auch Stephen J. Gould (Anm. 109), S. 220ff. Sommers vergriffene Buch (Stand 2012) kann ich nur wärmstens empfehlen.

Verbinden wir dies mit der Goodman-Hypothese, es gebe Kinder und Jugendliche, für welche das Verfahren einer Intelligenzentwicklung durch abstrakten Unterricht nicht angemessen sei. Nehmen wir außerdem an, dass sich unter Schwarzen deutlich mehr Kinder und Jugendliche dieses Typs befinden als unter Weißen und Asiaten, so würde das die Differenz überzeugend erklären.

Diese Überlegung ist natürlich kein Beweis; und es ist die Frage, ob (und wie) sich eine solche Hypothese empirisch überprüfen ließe.

Kein Ruhmesblatt meines Meisters: In einem Essay über das Buch »*The Bell Curve*« von Richard Herrnstein und Charles Murray schreibt Murray Rothbard,[114] der Zusammenhang von ethnischer Herkunft und Intelligenz sei »*self-evident*«. Er bedauert, dass in dem Buch das Thema »in Statistik ertränkt« würde. Gleichzeitig fordert er den Triumph der reinen Wissenschaft über Ideologie. Dabei werden wissenschaftliche Gegner als »Kommunisten«, als »Linke« und »Ex-Trotzkisten« bezeichnet, als reiche das aus, um ihre wissenschaftliche Position schon zu widerlegen. Rothbards Argumentationsstruktur ist hier so intelligent und so überzeugend wie etwa folgender Satz: »Der Rassist Murray Rothbard stellt die absurde und jeder selbstverständlichen Überzeugung widersprechende Theorie auf, dass Banken keine Institutionen des freien Marktes und des Kapitalismus seien.«

Selbstverständlich war die Annahme des Zusammenhanges von Geburt und »Geisteskraft« nur in Sklavenhalter- und Feudalgesellschaften. Der ideologische »Auftrag« dieser Theorie war eindeutig die Herrschaftssicherung.

114 Murray Rothbard, *Race! That Murray Book*, The Rothbard-Rockwell-Report, December 1994, S. 1ff. Das einzige gute, das man über Rothbards Spätwerk sagen kann, ist, dass er weiterhin gegen Krieg war.

»*The Bell Curve*« ertränkt das Thema nun nicht in Statistik, sondern statistische Mittel sind Mittel der Argumentation der Autoren. Sie zu entfernen, würde das Thema auf unbewiesene Sätze reduzieren. Und Statistik wäre *ein* Feld der Auseinandersetzung.

Das *andere* Feld der Auseinandersetzung wäre, ob Statistik dem Thema angemessen ist. Da gibt es Zweifel. Dass jemand, der der österreichischen Schule der Ökonomie angehört, sich auf eine Statistik-basierte Argumentation verlässt, ist in der Tat eigentümlich. Wissenschaftstheorietisch bewegen sich Herrnstein / Murray bestenfalls auf dem Niveau der Chicago-School von Milton Friedman. Man kann in der Tat fragen, ob ein komplexes Phänomen wie Intelligenz mit Statistik »erschlagen« werden könne. Die Alternative wäre aber nun nicht etwa die Behauptung, die eigene These sei »selbstverständlich«.

Der enge Zusammenhang zwischen Staat und Intelligenzforschung ist ein wichtiger Hinweis für deren ideologischen Auftrag: Die ersten, einzigen Intelligenz*flächen*forschungen sind durch die Armee ausgeführt worden. Die Geschichte hat Steven Jay Gould aufgeschrieben; und seine Fakten sind nicht darum falsch, weil Gould ein »Linker« war.

Rothbard weist zurecht darauf hin, dass die Juden von den Nationalsozialisten nicht darum verfolgt wurden, weil sie eine niedrigere Intelligenz hätten (dies merkt er an, um zu »widerlegen«, dass die Annahme einer Erblichkeit von der Intelligenz faschistisch sei). Wenn er Gould vorurteilsfrei gelesen hätte, hätte er gewusst, dass die USA im Anfang des 20. Jahrhunderts eine Quote gegen jüdische Einwanderer einführten, weil 1. die jüdischen Einwanderer laut Armee-Tests den geringsten IQ aufwiesen und man 2. von der Erblichkeit des IQ ausging und 3. von der (durch Herrnstein und Murray statistisch widerlegten) Überlegung, Arme und

Dumme würden sich schneller vermehren als Reiche und Kluge: Um also die »Verarmung« und »Verdummung« der USA zu verhindern, mussten Juden draußen bleiben.
Nun sind wir bei dem Punkt, an dem dem guten Rothbard ein wenig Kenntnisse in Statistik und Evolutionsbiologie gutgetan hätten. Denn in der Forschung, für die Herrnstein und Murray stehen, wird nicht von einer (vollständigen) Vererbung der Intelligenz gesprochen, sondern von einer prozentual angegebenen »Herabilität« (Erblichkeit). Die Größe »Herabilität« bezeichnet, wenn sie nicht 100% beträgt, wie oben dargelegt, die Veränderungsgeschwindigkeit eines Merkmals, keine Statik.
Ein besonderes Eigentor schieß Rothbard am Schluss seines nicht unwiderstehlichen, sondern unsäglichen Artikels: Dort meint er, für die libertäre Idee sei es wichtig, die These von der Vererbung der Intelligenz zu vertreten, denn sie würde dagegen »immunisieren«, dass diejenigen, die im Marktprozess schlechter abschneiden, mit egalitären Argumenten für Staatsinterventionen agitieren. Im Prinzip das Sklavenhalter-Argument: Du bist Sklave, weil du dumm geboren worden bist. Pech für dich. Ich glaube, es gibt gar kein dümmeres Argument »für« den freien Markt als dieses.
An anderer Stelle hat Rothbard geschrieben, die Reichen und Mächtigen setzten sich in jeder Gesellschaft, egal wie sie verfasst sei, durch und wüssten sich ihren überhöhten Anteil mit der Gewalt des Staates zu verschaffen. Wer den Markt braucht, das sind die »Unterprivilegierten«. Sie profitieren vom Kapitalismus am meisten.[115]

115 »It is the market [...] that permits the ›weak‹ to live productively, or out of gifts from production, in a regal style compared to the life of the ›strong‹ in the jungle.« *Power an Market* (1970), Kansas City 1977, S. 227. In der Metapher des »Dschungels« münzt Rothbard die Kritik am Markt, er sein ein solcher, um auf den Staat, der ihn herstelle. »Die Führer der Großunternehmen neigen dazu, Bewunderer des Etatismus zu sein [...],

Was mich bei Rothbards (ideologischer) Parteinahme für die IQ-These von Herrnstein-Murray auch noch aufregt, ist, dass sie in ihrer Beweisführung gegen eine Reihe von erkenntnistheoretischen Prinzipien von Rothbard verstoßen (z. B. methodischer Individualismus, Kritik der empirisch-statistischen Wissenschaft, sowie Unmöglichkeit von intersubjektiven Werthierarchien). Rassentheorien sind typische Ausprägungen eines kollektivistischen Denkens.
Es ist eine Schande, dass Rothbard aus falsch verstandener Opposition zum Mainstream sich hat dazu verleiten lassen, seine methodischen und erkenntnistheoretischen Kriterien fallen zu lassen. – Je länger ich über die Begründungsformel »*self evident*« nachdenke, um so unfassbarer wird für mich, dass Rothbard, mein Idol, mein Leitstern (¿Leidstern?), mein Heiliger, sich ihrer bedient.
1. In einer anderen Frage widersprechen die Statistiken von Herrnstein und Murray der Selbstverständlichkeits-Überzeugung. Die Reproduktion der Unterschicht sei nicht schneller als die der Mittel- oder Oberschicht.[115a] Anders als

nicht weil ihre Seelen von den Intellektuellen vergiftet wurden, sondern weil der Etatismus für sie eine gute Sache ist.« *Für eine neue Freiheit* (1973/78), edition g. 102, Bd. 1, S. 165f. »In the free market of voluntary exchanges, the ›strong‹ do not devour or crush the ›weak‹, contrary to common assumptions about the nature of the free-market economy. On the contrary, it is precisely on the free market where the ›weak‹ reap the advantages of productivity because it benefits the ›strong‹ to exchange with them. | Unrestrained economic individualism led [...] to peaceful and harmonious exchange, which benefited most precisely the ›weak‹ and the ›sheep‹; it is the latter who could not survive in the statist rule of the jungle, who reap the largest share of the benefits from the freely competitive economy.« *The Ethics of Liberty*, Atlantic Highlands 1982, S. 36 | 217.

115a Richard J. Herrnstein und Charles Murray, *The Bell Curve* (1994), New York 1996, S. 172 (»High IQ raises the probability of marriage«; auf S. 350, wo die Mär vom Niedergang der Intelligenz erzählt wird, scheinen die Autoren allerdings ihre eigenen Quellen vergessen zu haben; man muss genau lesen).

115b Ebd., S. 307ff (»the worldwide phenomenon of rising test scores«).

bei der Intelligenz ist das nun ein Thema, wo Statistik ganz gut helfen kann. Und eine These, bei der normalerweise die, die selbstverständlich von einer Vererbung der Intelligenz ausgehen, aus dem Hemd springen. Ich führe das in diesem Zusammenhang an, um aufzuzeigen, dass man mit »Selbstverständlichkeits-Überzeugungen« bei den beiden Autoren nicht viel weiterkommt.

2. Auch in einer weiteren Hinsicht widersprechen Herrnstein und Murray der Selbstverständlichkeits-Überzeugung: Der immer dümmer werdenden Generationen.[115b] Im Gegenteil. Was immer der IQ misst, er steigt (in allen Ethnien der USA und sogar weltweit). Dies zeigt auch, dass eine simple Annahme von linearer Vererbung der Intelligenz bei Herrnstein und Murray nicht zugrunde liegt.

3. Sofern die »evidente« Überzeugung, Intelligenz würde sich »vererben«, auf der Beobachtung basiert, dass dumme Eltern durchschnittlich auch dumme Kinder hätten, beweist (selbst wenn die Beobachtung richtig sein sollte) sie keineswegs die Vererbungs-These der Intelligenz: Die Beobachtung passt nämlich in gleicher Weise auch zur Sozialisations-These. Die Ausdifferenzierung nach Sozialisations- und Erblichkeits-Einfluss kann bestenfalls die Forschung an getrennt (in unterschiedlichen Sozialisationsumwelten) aufwachsenden, eineiigen Zwillingen leisten. Einer der Hauptlieferanten von Daten aus der Zwillingsforschung ist allerdings inzwischen als Fälscher entlarvt worden.

4. Echter Individualismus müsste zudem davon ausgehen, dass *weder* Vererbung *noch* Sozialisation die Hauptrolle im Leben eines eigenverantwortlichen Menschen spielen.

5. Die Formel, etwas sei *»self evident«*, kommt wohlgemerkt auch in der Unabhängigkeitserklärung vor. Dort wird z.B. ein »Recht auf Eigentum« als allzu selbstverständlich angenommen. Die Geschichte hat gezeigt, dass das Recht auf

Eigentum alles andere als selbstverständlich ist: Es muss erklärt und erkämpft werden.

Was nun misst der IQ wirklich? – Lösungen in IQ-Tests sind (manchmal? oft? immer?) uneindeutig. Drei einfache, auch für weniger Intelligente gut nachvollziehbare Beispiele:

1. Welches der Sprichworte hat eine ähnliche (?) Bedeutung wie: »Das Glück ist mit den Dummen.« a) »Wo der Verstand aufhört, da fängt das Glück an.« b) »Die dümmsten Bauern haben die dicksten Kartoffeln.« c) »Was des einen Unglück, ist des anderen Glück.« d) »Geld stinkt nicht.«

Obwohl c) und d) m. E. ausscheiden (gibt es da eine andere Meinung?), könnte man sowohl für a) als auch b) votieren.

2. Führen Sie die Zahlenfolge fort: 3, 5, 8, 13, 21, __

Mein Lösungsvorschlag A: 34 ($3+5=8$, $5+8=13$, $8+13=21$, $13+21=34$). Und noch ein Lösungsvorschlag B: 33 ($3+2=5$, $5+[2+1]=8$, $8+[3+2]=13$, $13+[5+3]=21$, $21+[8+4]=33$). ?? oder[116]

3. Folgern Sie logisch: »Nach dem Genuss von Alkohol mit dem Auto zu fahren, ist die Ursache zahlreicher Unfälle.« a) »Der Mensch trinkt zu viel Alkohol.« b) »Mit mehr als 0,461 Promille sollte man nicht mehr Auto fahren.« c) »Die Chance, ein Unglück nach Alkoholgenuss zu verursachen, liegt bei ca. 23,8 %.« d) »Alkohol vermindert die Fahrfähigkeit.« e) »Die Polizei sollte noch mehr Alkoholkontrollen durchführen.«

Während a) und c) m. E. ausgeschlossen sind, könnte ich Gründe für b), d) und e) angeben. d) bezeichnet die Ursache, b) und e) würden Konsequenzen formulieren. Da es eine eindeutige Antwort geben soll und zwei Konsequenzen, aber nur eine Ursache angesprochen werden, »folgt« (nicht

116 Zahlenreihen können, wenn die Formel der Rekursion nicht begrenzt wird, grundsätzlich beliebig (!) fortgesetzt werden. Für alle, dies nicht glauben wollen, hier (http://oeis.org/) testen.

sach-, sondern aufgabenlogisch), dass wahrscheinlich d) gemeint sei. Allerdings würde die Testanweisung, nach einer Schlussfolgerung zu suchen, m. E. eher auf die Konsequenz der Aussage als auf die Ursache der Aussage deuten.

Wichtig festzuhalten ist nicht nur die Uneindeutigkeit vieler Testfragen, sondern darüber hinaus die Unmöglichkeit des Probanden, Gründe vorzubringen: Die angeblich richtige Antwort steht bereits fest. Kreative Intelligenz bleibt von vornherein außen vor. Was getestet wird, ist – wenn überhaupt etwas Sinnvolles – bestenfalls die Anpassungsleistung des Probanden an eine von ihm zu projizierende Intention des Testentwicklers.

Lösungen in IQ-Tests setzen Informationen voraus, von deren Allgemeinheit nicht ausgegangen werden kann. Zwei Beispiele:

1. »Markieren Sie jeweils einen Begriff, der zu den anderen nicht passt: Baku, Den Haag, Dublin, Lima, Nairobi« (null Ahnung | Idee: »Baku« wg ≠ Hauptstadt?); »Zander, Wal, Karpfen, Hering, Hecht« (ich nehme an »Wal«, weil das kein Kiemenatmer ist | alternative Vorschläge willkommen), »Brecht, Defoe, Ende, Heine, Mann« (zufällig kenne ich die Autoren ... ist derjenige, der »Ende« nicht als Autor kennt, weniger intelligent? Oder ist »Ende« gemeint, weil die Testentwickler das Wort nicht als Autor-Name kannten, dagegen unter »Mann« Thomas, Heinrich, Golo oder wen auch immer verstehen? Dann vielleicht »Defoe« wg ≠Deutscher?). – Und übrigens: Bei der Zahlenfolge oben handelt es sich um die Fibonacci-Zahlen (es fehlen jedoch die ersten vier Zahlen: 0, 1, 1, 2). Wer diese kennt, hat die (vermutlich) intendierte Antwort – ohne jegliche Intelligenzleistung, nur vermittels der Erinnerungsfähigkeit.

2. »Eine recht dicke Pappe soll zerschnitten werden. Welche Schere eignet sich dafür am besten?« (Drei Gelenkscheren

mit unterschiedlich langen Schenkeln und Klingen.) Es wird geprüft, ob man das Hebelgesetz kenne. Ist dessen Kenntnis Teil der Intelligenz? Und außerdem setzt die Frage voraus, dass die Scheren gleich scharfe Klingen haben ...

Bei Textaufgaben (»Ein Auto verbraucht für eine Strecke von 481 Kilometern 29,6 Liter Benzin. Wie hoch ist der Verbrauch auf 118,3 Kilometern?«) ist für mich die geforderte Geschwindigkeit höchst problematisch: Wer die jeweiligen Formeln parat hat (+ Kopfrechnen kann),[117] wird rechtzeitig fertig. Wer Formeln dagegen logisch zuerst sich erschließen muss (weil er sie nie gelernt oder vergessen hat), braucht um einiges länger. Auch in diesem Falle klammert der IQ-Test Intelligenz explizit aus.

Was misst der IQ? Anpassung, Wissen + Erinnerung, Fertigkeiten wie Kopfrechnen usw., Resistenz gegen Prüfungsdruck, Ratefähigkeit.

Intelligenztests entstehen (eine gewagte Analogie, ich weiß) wie Atomkraftwerke nicht auf dem Markt, sondern im Kontext von Staat. Niemand braucht den IQ-Wert. Wenn eine private Bildungseinrichtung etwa eine Aufnahmeprüfung macht, wird sie ggf. testen, ob der Bewerber das an Voraussetzungen mitbringt, was er braucht, um in dieser Bildungseinrichtung erfolgreich zu sein. Genauso geht ein Arbeitgeber vor. Er fragt nach Fähigkeiten, konkrete Aufgaben zu lösen. (Bei einem freien Arbeitsmarkt wird er ggf. eher eine Probezeit als einen Test vereinbaren.) Es ist nicht ein allgemeiner Wert gefragt, sondern ein konkreter, spezifischer. IQ-Werte »taugen« dazu, Individuen zu quantifizieren und zu entmenschlichen. Gleichmachung und Vereinheitlichung sind die Stichworte, die staatliche Institutionen antreiben,

117 Verwechselung von Kopfrechenfähigkeit mit Intelligenz, die einem Teil der Standard-Aufgaben zugrunde liegt, offenbart den beklagenswerten Intelligenzmangel der Testentwickler.

dieses letztlich für humane und für marktwirtschaftliche Zwecke aussagelose Instrument zu entwickeln.

Intelligenztests messen aber nicht nichts. Dafür sprechen u.a. eine hohe Reteststabilität und Korrelationen mit Parametern wie Schulerfolg, Sozialstatus usw. Aber was (oder wem) nützt es, den IQ-Wert einer Person zu kennen?

1. Solange die Korrelation nicht 100% beträgt (und davon spricht niemand), bedeutet es, dass der IQ-Wert keinen Voraussagewert bezogen auf ein konkretes Individuum hat: Eine Person mit niedrigem IQ-Wert kann Erfolg in Schule und Leben haben, eine mit hohem kann scheitern. Die Aussage lautet vielmehr: Mit einer Wahrscheinlichkeit von X% (X = Stärke der Korrelation) wird diese Person in ihrem Leben z.B. einen bestimmen Schulabschluss (oder ein bestimmtes Einkommen oder ...) erreichen oder eben nicht erreichen. Selbst auf Populationen (oder Ethnien) bezogen ist der Voraussagewert gering wie z.B. zeigt, dass die jüdischen Einwanderer Ende des 19., Anfang des 20. Jahrhunderts den durchschnittlich niedrigsten IQ-Wert aufwiesen. Dies hat jedoch nicht zu dem damals prognostizierten Ergebnis geführt, dass Juden der heutigen amerikanischen Gesellschaft bildungs- und einkommensmäßig gesehen die Unterschicht ausmachen.

2. Als Instrument der Voraussage entspricht die Besessenheit von IQ-Werten der makroökonomischen Illusion, den Marktprozess nicht zu benötigen, da man ja alle relevanten wirtschaftlichen Daten zur Verfügung habe und damit eine rationale, reibungs- und verschwendungslose Planung vornehmen könne. Solcher Technokratismus hat, wie Hayek zeigte, die Rechnung immer ohne die Menschen gemacht.

3. Eine Korrelation sagt noch nichts über Verursachungszusammenhänge. Wenn, wie ich meine, dass es unausweichlich ist, IQ-Werte etwas über die Fähigkeit des Probanden

aussagen, die vom Fragesteller gewünschte Antwort zu ermitteln und gespeichertes (Schul-) Wissen abzuspulen, sind die Tests optimal an die Schulumgebung angepasst. Selbstverständlich können sie dann auch mit einer gewissen Treffsicherheit Schulerfolg voraussagen. In einer Gesellschaft, in der Lebenserfolg (besonders Sozialstatus) vornehmlich über Schulabschlüsse definiert wird, besteht darüber hinaus auch ein Zusammenhang zwischen IQ-Wert (d. h. Schulgeeignetheit) und Sozialstatus. Dieser Zusammenhang ist aber nicht etwa »naturgegeben«, sondern er ist Ergebnis staatlicher Interventionen, worauf Paul Goodman immer wieder hingewiesen hat.

4. Außerhalb der Schule, wie wir sie kennen, ist die Allgemeinheit der Bildung, die auch die IQ-Tests zugrundelegen (es werden Aufgaben aus diversen Wissens- und Fertigkeitsbereichen gestellt), kaum nützlich. Sie ist ein Konstrukt der staatlichen Schulpolitik.

5. Richtig gruselig wird es, wenn der IQ zur Legitimierung von staatlichen Eingriffen herangezogen wird, z. B. Quoten gegen jüdische Einwanderer (*wg* Vererbungstheorie) oder Eltern mit niedrigem IQ oder Sozialstatus die Kinder wegnehmen (*wg* Sozialisationstheorie). Gegen sozialstaatliche Eingriffe nun immunisiert die Theorie von Herrnstein und Murray, anders als Rothbard behauptet, keineswegs: Sie geht von einer 60 %igen Herabilität aus, also noch genug Spielraum für sozialstaatliche Fantasien. Für mehr als 60 % votierte nur seinerzeit Arthur Jensen, nämlich fast 80 %, der jede Menge gefälschter Fremd-Daten in den Samples hatte und eigene Daten auf mitunter zumindest sehr zweifelhafte Weise interpretierte.

6. Der IQ nützt bloß den Bürokraten – den *Schulmönchen* (Goodman) oder *Schulanbetern* (Rothbard) und den *Konstruktivisten* (Hayek).

[9] »Je uniformer die Umwelt wird,« schreiben Herrnstein/Murray,[118] »um so größer wird die Herabilität [Erblichkeit].«

Dieser Satz folgt aus dem oben abgeleiteten Zusammenhang, dass der Faktor »Erblichkeit« 100% betragen müsste, sofern denn der Faktor »Umwelt« für alle Individuen vollkommen identisch wäre.

Die soziologische Konsequenz dieses Zusammenhanges ist noch nicht hinreichend bedacht worden. Die Programme, die von den 1960er Jahren an bis heute zur Verbesserung der Lage von unterprivilegierten Bevölkerungsschichten oder diskriminierten ethnischen Minderheiten aufgelegt worden sind, orientieren sich an einem fatalen Maßstab: Sie wollen erreichen, dass die Umweltbedingungen für Benachteiligte sich denen der weißen Mittelschicht-Gesellschaft möglichst angleichen. Das Hauptinstrument zu dieser »Assimilation« bestand darin, die Benachteiligten zu einem gleich langen Schulbesuch wie die weiße Mittelschicht zu bewegen und nach Möglichkeit deren Schulerfolg durch gezielte Fördermaßnahmen sicherzustellen.

Arthur Jensen, Christopher Jencks, Charles Murray sowie Richard Herrnstein haben Daten vorgelegt, in denen sich das Scheitern der Programme zeigt. Jensen, Herrnstein und Murray schließen aus diesen Daten: Die sozialpolitischen Maßnahmen vermögen es nicht, gegen genetische Unterschiede anzukommen. Natur triumphiere über Eriehung.

Die Schlussfolgerung ist richtig und falsch zugleich. Sie ist *richtig* im logischen Sinne: Je »gleicher« die Bedingungen, um so stärker treten genetische Differenzen zu tage. Sie ist *falsch* in soziologischer Konsequenz: Die gängigen sozialpolitischen Programme gehen von der problematischen Annahme aus, dass die Gesellschaft um so »gleicher« (und da-

118 »*The Bell Curve*«, 1994, S. 106.

mit »gerechter«) werde, je »gleicher« man die Umweltbedingungen für alle Individuen gestaltet.
Der Goodman-Hypothese zufolge müsste die soziologische Schlussfolgerung genau andersrum lauten: Die gesellschaftlichen Bedingungen sollten sich weiter differenzieren, um für jeden »Typus« (sei er genetisch, sozial, oder kulturell bedingt) die jeweils beste Entwicklungsmöglichkeit bereit zu halten.
Ob das Ergebnis einer solchen Entwicklung dann »Gleichheit« ist, kann man nicht wissen. Es ist auch egal: Das Ergebnis ist insofern gerecht, als jedes Individuum sich so weit entfalten kann, wie es seine genetischen und kulturellen Möglichkeiten erlauben. Die Frage der Gleichheit wird ebenso irrelevant wie auch die Frage, zu welchen Anteilen die individuellen Möglichkeiten genetisch oder kulturell definiert werden.
Die Daten und Entwicklungstendenzen stimmen mit der Goodman-Hypothese überein: Förderprogramme helfen einigen benachteiligten Individuen. Sie helfen wohl denen, für die die Schulumwelt förderlich wirkt, die ihnen jedoch aufgrund von Diskriminierung verschlossen geblieben war. Anderen benachteiligten Individuen jedoch helfen sie nicht, sondern *schädigen* sie sogar und verschärfen ihre Probleme. Das sind diejenigen Individuen, die sich in der Schulumwelt gerade nicht gut entwickeln.
Die Gesellschaft hat nicht die Aufgabe, für alle Individuen die gleichen Bedingungen bereitzustellen, sondern vielmehr *offen* zu sein für individuelle Entwicklungsmöglichkeiten. Dabei ist es völlig einerlei, in wieweit die individuellen Entwicklungsmöglichkeiten durch das Erbgut oder die Umwelt vorstrukturiert sind. »Gleiche Bedingung für alle« heißt, dass diejenigen genetischen oder sozialisatorischen Entwicklungsmöglichkeiten, für die diese eine Bedingung nicht

geeignet ist, beschränkt und hierdurch diese Individuen benachteiligt werden.

Die bloße Feststellung, dass es Unterschiede – in Intelligenz, im Einkommen usw. – in einer Gesellschaft gibt, ist an sich nicht besorgniserregend. Besorgniserregend ist es, wenn gesellschaftliche Mechanismen Individuen daran *hindern*, sich so zu entfalten, wie es ihren – »natürlichen« oder »sozialen« – Möglichkeiten entspricht.

Die kritische Soziologie gegen die Ideologie der »Natürlichkeit« zu verteidigen, bringt hervor, dass sich die Soziologen vielleicht ebenso häufig und ebenso folgenschwer geirrt haben, wie Soziobiologen oder ihre vererbungsorientierten Vorläufer es getan haben. Der Irrtum der Soziologen liegt in einer Verkennung der natürlichen Basis des Menschen, und sie ziehen daraus den verhängnisvollen Schluss, die Gesellschaft »beliebig« einrichten zu können. F.A. Hayek nannte das den »Konstruktivismus« in der Soziologie: Man baut sich eine »ideale« gesellschaftliche Struktur und nimmt an, die Menschen würden sich leicht dahinein finden, weil sie keine anderen Interessen verfolgen könnten als diejenigen, die ihnen durch die Sozialisation in ihrer gesellschaftlichen Struktur vorgegeben worden sind.

Dieser Fehler der Soziologen lässt sich nicht mit einer Soziobiologie beheben, die da sagt, »die« Natur werde sich immer gegen »die« Kultur durchsetzen. Von einer Soziobiologie, die gesellschaftliche Strukturen und individuelle Fehlhaltungen auf die »Interessen« von Genen an »ihrer« Verbreitung reduzieren will. Von einer Soziobiologie, die die gesellschaftlichen Unterschiede (wie z.B. hinsichtlich der Intelligenz) meint, weitgehend auf genetische Einflüsse zurückführen zu können. Oder von einer Soziobiologie, die da behauptet, wie erfolgreich, intelligent oder auch schwul wir seien, wäre eine Funktion der Gene.

Die Fehler der Soziologen können nur durch eine *kritische* Soziologie korrigiert werden. Es müsste eine libertäre Soziologie sein, die weniger auf Strukturen fixiert ist, weniger auf Statistik, sondern sich mehr mit den Menschen befasst. Sie müsste die Menschen in ihrer Widersprüchlichkeit ernst nehmen, aber auch ihre gewaltigen Entwicklungspotenziale anerkennen.

In ihrer Zielsetzung müssten Soziologen Abstand nehmen von der Obsession, Maßnahmen und Lösungen für alle Menschen willkürlich gebildeter Gruppen zu finden. Konstruierte Gruppen wie »die Schwarzen«, »die Weißen«, »die Deutschen« »die Europäer«, »die Industrieländer« oder »die Entwicklungsländer« sind keine geeigneten Einheiten für sinnvolle, an den individuellen Bedürfnissen und gruppalen Interessen orientierte Verbesserungsstrategien.

Die Gesellschaft müsste auf der einen Seite experimentierfreudiger werden, um mehr Chancen für verschiedenartige Menschen-»Typen« zu schaffen, ihr Optimum an Entwicklung zu finden. Auf der anderen Seite müsste sie mehr mit Experimenten sich zurückhalten, nämlich aufhören, große Populationen gegen deren Willen zum Gegenstand von tiefgreifenden Wandlungsprozessen zu machen.

Alles das wäre nötig. Wenn Soziobiologen dabei helfen, um so besser. Leider lässt sich eher erkennen, dass sie den Fehler der Soziologen mit umgekehrten Vorzeichen wiederholen.

Augustin-Epilog

»Augustins Klagen über den rauen Elementarunterricht klingen um vieles bitterer [als diejenige des Ambrosius von Mailand], was damit zusammenhängen kann, dass er seine Erfahrungen an einer öffentlichen Schule wiedergibt, während Ambrosius es mit einem angestellten Privatlehrer zu tun hatte.«[119]

1. [Augustinus vergleicht den schulischen Unterricht in der griechischen Sprache mit dem Erlernen der lateinischen Muttersprache:] »Ich lernte sie also, ohne von irgendwem mit lästiger Strafe bedrängt zu werden. Nur mein Herz drängte mich, was es hörend empfangen, redend neu zu gebären, und das war nicht möglich ohne Erlernen mancher Worte, die ich nicht im Unterricht, sondern von Leuten, die mit mir plauderten, vernahm. Dass es auch in ihre Ohren eingehe, suchte ich sodann, was ich empfand, redend zur Welt zu bringen. Daraus ergibt sich klar genug, dass freie Neugier das Lernen wirksamer fördert als furchtbeschwerter Zwang.«
2. [Dagegen gleich anschließend:] »Doch fügen es, Gott, deine Gesetze so, dass [der Zwang] die Flut der Neugier eindämmen muss, deine Gesetze, denen die Rutenstreiche der Lehrer und die Folterqualen der Märtyrer dienen, deine Gesetze, die in die giftschwangere Lust, die uns hinwegführt von dir, heilsame Bitternis mischen und uns so zu dir zurückrufen.«
3. [Etwas weiter unten zum Lehrmaterial, das im Griechischunterricht herangezogen wird und nach Augustins Ansicht »zur Wollust anstachelt«:] »Ich schelte nicht die Worte – sie sind erlesene kostbare Gefäße – aber den Wein der Verführung, den trunkene Lehrer uns in ihnen kredenzten.«
4. [Unmittelbar anschließend:] »Und wollten wir nicht trinken, schlug man uns, und es gab keinen nüchternen Richter, bei dem wir uns hätten beschweren können.«
5. [Unmittelbar anschließend:] »Von mir jedoch, mein Gott, vor dessen Angesicht ich nun ohne Gefahr daran zurückdenken kann, muss ich sagen: Ich hab' das gern gelernt und meine erbärmliche Freude daran gehabt und hieß deswegen ein hoffnungsvoller Knabe.«[120]

119 Ernst Dassmann, *Ambrosius von Mailand*, Stuttgart 2004, S. 16.
120 Augustin, *Bekenntnisse* (398), München 1982, S. 48 ff.

Den Text habe ich in fünf Abschnitte aufgeteilt, um einen eigenartigen Widerspruch sichtbar zu machen: Unter 1. und 4. findet sich eine gleichsam »anti-autoritäre« Kritik am zwangsweisen Schulunterricht, der dem wirksamen Lernen nicht förderlich sei und die Schüler hilflos der Willkür und Gewalt der Lehrer ausliefere.
Unter 2. wird die Kritik dahingehend umgekehrt, dass Zwang|Gewalt notwendig seien, um die Flut der Neugier, die von Gott wegführt, einzudämmen. Wohlgemerkt ist der grammatikalische Bezug zu denjenigen Rutenstreichen hergestellt, die die heidnischen Lehrer führen.
Unter 3. und 5. wird die Kritik wieder zurückgenommen dahingehend, dass es sich gar nicht um ein Lernen unter Zwang gehandelt habe: Es habe um »Verführung« sich gehandelt, gar nicht um Gewalt; und er habe »erbärmliche« Freude am Lernen des heidnischen Stoffes gehabt.
Der Widerspruch lässt sich nun nicht auflösen, indem man unterstellt, schon an dieser Stelle zeige die masochistische Ader von Augustin sich, auf die der Text hier noch keinen Hinweis gibt: Seine Freude hätte dann darin bestanden, Schläge zu bekommen. Denn unter 4. beschwert er sich über die Schläge.
Auch lässt der Widerspruch sich nicht auflösen, wenn wir heranziehen, dass er zwischen Elementarunterricht, den er gehasst habe (obwohl er objektiv sinnvoller gewesen sei), und höherem Unterricht in Literatur, den er schätzte (trotz oder damals noch: gerade weil er die heidnisch-unzüchtigen Inhalte vermittelte) unterscheidet. Mit einer solchen Unterscheidung ist der Widerspruch nicht zu erledigen, denn der unter 4. aufgeführte Satz bezieht sich auf die Sanktionen beim Lernen in der weiterführenden Schule.
So richtig angenehm lässt sich die Augustinische Dialektik nicht harmonisieren. Mit einer eigenen, im höchsten Maße

unangenehmen Synthese leitet er den Bericht seiner Schulzeit ein, aber sie umfasst nicht alle Teile des Widerspruchs.

Ich liebte »das Lernen nicht, und es verdross mich, zu ihm genötigt zu werden. Gleichwohl nötigte man mich, und das tat mir gut. [...] Du aber [...] wandtest das Unrecht derer, die mich zum Lernen trieben, zu meinem Heil, das Unrecht meiner Trägheit jedoch zu meiner Strafe. Sie traf mich nicht unverdient, mich so kleinen Knaben und ach, so großen Sünder! [...] Denn so hast du's angeordnet und es geschieht auch, dass jeder Geist, der aus deiner Ordnung fällt, sich selbst zur Pein und Strafe werden muss«.[121]

Sich dem Zwang der Obrigkeit zu widersetzen ist Sünde, selbst wenn sie das Falsche tut, das hatte allerdings Paulus schon gesagt.[122] Schlimm, doch widerspruchsfrei zu denken. Dennoch bleibt, gleichsam als Utopie subversiv in dieser Trostlosigkeit aufblitzend, die Erfahrung, Lernen »ohne von irgendwem mit lästiger Strafe bedrängt zu werden« sei möglich sowie »dass freie Neugier das Lernen wirksamer fördert als furchtbeschwerter Zwang«.[123]

121 Ebd., S. 45.
122 *Römer*, 13: »[1] Jedermann sei untertan der Obrigkeit, die Gewalt über ihn hat. Denn es ist keine Obrigkeit außer von Gott; wo aber Obrigkeit ist, die ist von Gott angeordnet. [2] Wer sich nun der Obrigkeit widersetzt, der widerstrebt der Anordnung Gottes; die ihr aber widerstreben, ziehen sich selbst das Urteil zu. [3] Denn vor denen, die Gewalt haben, muss man sich nicht fürchten wegen guter, sondern wegen böser Werke. Willst du dich aber nicht fürchten vor der Obrigkeit, so tue Gutes; so wirst du Lob von ihr erhalten. [4] Denn sie ist Gottes Dienerin, dir zugut. Tust du aber Böses, so fürchte dich; denn sie trägt das Schwert nicht umsonst: Sie ist Gottes Dienerin und vollzieht das Strafgericht an dem, der Böses tut. [5] Darum ist es notwendig, sich unterzuordnen, nicht allein um der Strafe, sondern auch um des Gewissens willen. [6] Deshalb zahlt ihr ja auch Steuer [*sic*]; denn sie sind Gottes Diener, auf diesen Dienst beständig bedacht.«
123 Augustin, ebd., S. 48.

stichworte zur bildung

denken nachmachen
zu eigen machen
zum machen eignen
sich eignen
macht durcheignen
vereignung
aneignung
mitmachen
abfall=en

Aus: Stefan Blankertz, *PERFEKT verdichtet: verse & andere geschichten*, in der edition g. 201, S. 77.

Stefan Blankertz

Das Maodeking

Gebet für Eutimio Guerra

Lebe dein Trauma! *Das Maodeking*, ein postmodernes Weisheitsbuch. Eutimio Guerra ist der erste Mensch, den Che Guevara ermordet hat. Über Che Guevara ist viel geschrieben worden. Was dagegen über Eutimio Guerra? Immer noch werden die Opfer des angeblich wohlmeinenden und nur abgeirrten Kommunismus als Opfer zweiter Klasse gegenüber Opfern des Nationalsozialismus und Faschismus behandelt.

Gegen solche menschenverachtende Haltung ist *Das Maodeking* angeschrieben. — Quintessenz: Gleichheit und Altruismus töten, Egoismus würde Leben retten. Eine Montage von lyrisch verfremdeten Zitaten aus dem *Tao te king* (Daodejing), der *Bibel*, dem *Koran*, aus dem Kriegstagebuch eines unbekannten Soldaten irgendeines Schlachtfeldes im 20. Jahrhundert, von Joseph Stalin und Mao Tse-tung über Heinrich Mann und Heinrich Himmler bis zu Ernesto Che Guevara und Jean Paul Sartre, konfrontiert mit all den grausigen Fakten der massenhaft durch den Staat aufgrund wohlmeinender Ideologien Ermordeten — das ist *Das Maodeking:* Ein empörter Aufschrei gegen das Morden im Namen der »Menschlichkeit«.

[edition g. 308] ISBN 978-3-7322-9602-6